요모조모 속담풀이

요모조모 속담풀이

초판 1쇄 발행 | 2016년 7월 31일
초판 4쇄 발행 | 2019년 5월 25일
엮은이 | 이승순
펴낸이 | 이봉순
펴낸곳 | 다인미디어
편집·표지디자인 | 박혜빈
일러스트 | 김신형

주소 | 서울시 중구 예장동 1-51 | 전화 02-2274-7974 팩스 02-743-7615
등록번호 | 제 301-2009-108호
등록일자 | 2009. 6. 2
ISBN 978-89-87957-77-7 73800

* 이 책의 내용에 대하여 사전 허가 없이 무단 전재·모방·복사·발췌하는 것을 금합니다.
  잘못된 책은 구입하신 곳에서 교환해 드립니다.
* 책값은 뒷표지에 있습니다.

요모조모 속담풀이

말 머 리

∙ ∙

속담은 예로부터 전해오는 조상의 재치와 익살이 담긴 지혜의 말입니다. 아주 오랜 시간을 거치면서 많은 사람들 사이에서 자연스럽게 만들어져 널리 퍼진 말이라 폭넓은 경험과 지식이 바탕을 이루고 있습니다. 그래서 속담은 사람들의 얄팍한 속마음을 재미있게 풍자하여 교훈을 주고, 때로는 삶에 슬기롭게 대처할 수 있는 방법을 알기 쉽게 전해주기도 하는 지혜의 보물창고입니다. 이 책은 우리나라에 전해오는 **1,000여 개의 속담을 '의지와 노력, 어리석음과 경박함, 가난과 역경, 경험과 습관, 욕심과 심술, 이해와 깨우침, 쓸모와 가치, 풍자와 해학'**의 여덟 개 장으로 나누어 소개하고 그 아래에 뜻풀이를 붙여 이해를 도왔습니다. 또한 각 장을 '가나다' 순으로 배열하여 쉽게 찾아볼 수 있게 만들었습니다. 이 책은 온 가족이 언제든 쉽고 재미있게 볼 수 있도록 꾸몄습니다. 특히 성장기에 있는 어린이들에게 어느 한편으로 치우치지 않는 가치관을 만들고, 풍부한 어휘와 재치 있고 유쾌한 표현력을 갖추는데 많은 도움이 될 것입니다.

-이승순

차 례

1. 공든 탑이 무너지랴(의지와 노력) · 8
2. 언 발에 오줌 누기(어리석음과 경박함) · 21
3. 목구멍이 포도청이다(가난과 역경) · 50
4. 참새가 방앗간을 그냥 지나랴(경험과 습관) · 69
5. 다 된 밥에 재 뿌리기(욕심과 심술) · 78
6. 가는 정이 있어야 오는 정이 있다(이해와 깨우침) · 96
7. 작은 고추가 맵다(쓸모와 가치) · 114
8. 토끼가 제 방귀에 놀란다(풍자와 해학) · 131

요모조모 속담풀이

의지와 노력
공든 탑이 무너지랴

◈ 가까운 곳을 가도 점심밥을 싸 가지고 가랬다

　아무리 사소한 일이라도 만일을 대비해 준비는

　철저히 하라는 뜻.

◈ 가다 말면 안 가느니만 못 하다.

　어떤 일을 해나가다가 그만두면 시간과 힘만 낭비한 셈이므로,
　그만둘 거면 아예 시작하지 않는 것이 좋다는 뜻.

◈ 개구리도 움츠려야 뛴다.

　아무리 급한 일도 준비할 시간을 가져야 한다는 뜻.

◈ 개미가 작아도 탑을 쌓는다.

　아주 작은 일이라도 열심히 하면 큰일이 된다는 뜻.

◈ 개미가 절구통 물고 간다.

　하찮은 힘이지만 모이면 큰 힘이 된다는 뜻.

◈ 개미 금탑 모으듯.

　작은 재물이라도 차곡차곡 쌓이면 큰 재물이 된다는 뜻.

◈ 거미도 줄을 쳐야 벌레를 잡는다.

　아무리 사소해 보이는 일이라도 막상 추진하려면 최소한의
　준비는 해야 한다는 말.

+알기쉬운 쏙쏙 사자성어

가가대소(呵呵大笑)　　너무 우스워서 한바탕 껄껄 웃음.

◈ 거지도 부지런해야 얻어먹는다.

　무슨 일이든 부지런해야 일이 이루어진다는 뜻.

◈ 고니를 조각하다가 안 되면 그와 비슷한 따오기라도 된다.

　높은 뜻을 따르면 결과가 같지는 않더라도 비슷한 결과는 얻을 수 있다는 뜻.

◈ 고니의 날개는 물에 젖지 않는다.

　고고한 뜻을 지닌 사람은 나쁜 물이 들지 않는다는 뜻.

◈ 고생 끝에 낙이 온다.

　고된 시기가 지나면 즐거운 때가 온다는 뜻.

◈ 고운 일하면 고운 밥 먹는다.

　좋은 일을 하면 좋은 결과가 따른다는 뜻.

◈ 곡식은 가꾼 대로 거둔다.

　무슨 일이든 정성을 들인 만큼 결과가 따른다는 뜻.

◈ 곡식 이삭은 익을수록 고개를 숙인다.

　학식이 깊고 훌륭한 사람일수록 겸손하다는 뜻.

◈ 공든 탑이 무너지랴.

+알기쉬운 쏙쏙 사자성어

가화만사성(家和萬事成)　집안이 화목하면 모든 일이 잘 되어 나감.

정성을 들인 일은 헛되지 않다는 뜻.
◈ 구르는 돌은 이끼가 안 낀다.
활동이나 생각을 멈추지 않고 계속할 때에
발전이 있다는 뜻.
◈ 군불에 밥 짓기.
어느 일이 준비가 되면 비슷한 일은 하기가 더욱 쉽다는 뜻.
◈ 굳은 땅에 물이 고인다.
준비가 되어 있으면 그만큼 성취하기가 쉽다는 뜻.
◈ 궁하면 통한다.
필요하게 되면 헤쳐 나가는 방법을 찾으려 노력하게
된다는 뜻.
◈ 나중 난 뿔이 우뚝하다.
시행착오를 거치고 난 후의 일이 더 훌륭하다는 뜻.
◈ 낙숫물이 바위를 뚫는다.
작은 힘이나마 꾸준히 노력하면 큰일을 이룰 수 있다는 뜻.
◈ 나는 새도 깃을 쳐야 날아간다.
순탄한 일도 노력하지 않으면 좋지 않은 결과가 따를 수 있다는 뜻.
◈ 날 잡은 놈이 자루 잡은 놈을 당할까?

+알기쉬운 쏙쏙 사자성어

감언이설(甘言利說)   남의 비위에 맞게 달콤한 말로 꾐.

불리한 처지에 놓인 사람이 유리한 처지의 사람을 이길 수 없다는 뜻.

◆ 낮은 땅에 물이 괸다.
겸손한 사람에게 복이 따른다는 뜻.

◆ 누울 자리 봐 가며 발 뻗는다.
어떤 일을 하더라도 형편과 사정을 봐 가면서 일을 하라는 뜻.

◆ 눈을 떠야 별을 보지.
어떤 일의 결과를 보고 싶으면 준비를 해야 한다는 뜻.

◆ 느릿느릿 걸어도 황소걸음.
일이 아주 느린 듯해도 실속이 있고 믿음직하다는 뜻.

◆ 달리는 말에 채찍질한다.
잘 할수록 경계심을 늦추지 말라는 뜻.

◆ 도끼 가진 놈이 바늘 가진 놈을 못 당한다.
보잘 것 없다고 무시하다가 당한다는 뜻.

◆ 도마 위에서 고기가 칼을 무서워하랴.
이미 운명이 결정되었다면 무서울 것이 없다는 뜻.

◆ 될성부른 나무는 떡잎부터 알아본다.
크게 될 사람은 어릴 때부터 별다른 데가 있다는 뜻.

+알기쉬운 쏙쏙 사자성어

감지덕지(感之德之) 대단히 고맙게 여겨 어찌할 줄을 모름.

◆ 뚝배기보다 장맛.
　겉모양보다는 실속이 중요하다는 뜻.
◆ 마음 한 번 잘 먹으면 북두칠성이 굽어보신다.
　마음을 착하게 가지면 하늘조차 돕는다는 뜻.
◆ 말 한 마디에 천 냥 빚도 갚는다.
　말을 곱게 잘하면 복을 받는다는 것을 과장되게 이르는 말.
◆ 맹수는 함부로 발톱을 보이지 않는다.
　진짜 실력이 있는 사람은 함부로 자기의 재주를 자랑하지 않는다는 뜻.
◆ 모로 가도 서울만 가면 된다.
　수단이야 어떠하든 목적만 이루면 된다는 뜻.
◆ 목마른 사람이 우물 판다.
　제일 급하고 절실한 사람이 먼저 나선다는 뜻.
◆ 무쇠도 갈면 바늘 된다.
　아무리 어려운 일도 성실히 노력하면 이룬다는 뜻.
◆ 물은 트는 대로 흐른다.
　사람은 관심을 가지는 대로 따르기 마련이라는 뜻.

+알기쉬운 쏙쏙 사자성어

감탄고토(甘呑苦吐)
신의를 지키지 않고 비위에 맞으면 갖고, 싫으면 내버림

◈ 미꾸라지 용 됐다.
　보잘 것 없는 사람이 몹시 잘 되었을
　경우를 이르는 말.

◈ 미친개가 호랑이를 잡는다.
　어떤 일에 몰두하면 두려움도 모르고
　큰일을 해낸다는 뜻.

◈ 범에게 물려가도 정신만 차리면 산다.
　아무리 곤경에 빠졌더라도 정신을 바짝 차리면
　빠져나갈 방법이 있다는 뜻.

◈ 부뚜막의 소금도 집어넣어야 짜다.
　아무리 쉬운 기회가 오더라도 최소한의 노력은 기울여야
　얻을 수 있다는 뜻.

◈ 비 온 뒤에 땅이 굳어진다.
　어려움을 겪고 나서야 일이나 마음이 더욱 견고해진다는 뜻.

◈ 빌어먹어도 절하고 싶지는 않다.
　아무리 궁핍해도 비굴해지고 싶지는 않다는 뜻.

◈ 뿌리 없는 나무에 잎이 필까.
　원인이 있어야 결과가 생긴다는 뜻.

◈ 사람은 죽으면 이름을 남기고, 호랑이는 죽으면 가죽을 남긴다.

+알기쉬운 쏙쏙 사자성어

견물생심(見物生心)　　물건을 보면 욕심이 생김.

호랑이 가죽이 귀하고 오래 가는 것처럼 사람도 살아서 후세에 길이 남을 일을 해야 한다는 뜻.

◈ 산 속에 있는 열 놈의 도둑은 잡아도 마음속의 있는 한 놈의 도둑은 못 잡는다.
마음속에 있는 감정은 제 스스로도 어찌할 도리가 없다는 뜻.

◈ 산에 가야 범을 잡는다.
뜻을 세웠으면 그 길로 가야 성공할 수 있다는 뜻.

◈ 산이 높아야 골이 깊다.
뜻이 높아야 생각도 깊다는 뜻.

◈ 새벽달 보려고 으스름달 안 보겠느냐?
먼 미래보다는 가까운 현실이 더 중요하다는 뜻.

◈ 서울 가서 김 서방 찾기.
너무 막연한 계획을 비웃는 말.

◈ 소도 언덕이 있어야 비빈다.
의지할 곳이 있어야 무슨 일이든 할 수 있다는 뜻.

◈ 소 잃고 외양간 고친다.
일을 그르치고 난 뒤 뉘우쳐도 소용없다는 뜻.

◈ 속히 더운 방 쉬 식는다.

+알기쉬운 쏙쏙 사자성어

결자해지(結者解之) 자기가 저지른 일은 스스로 해결해야 함.

급히 이룬 것은 금세 사라진다는 뜻.
◈ 쇠뿔은 단 김에 빼라.
　일을 할 적에는 단숨에 해치우라는 뜻.
◈ 시루에 물 퍼붓기.
　아무리 노력해도 헛수고일 때를 이르는 말.
◈ 식은 죽 먹기.
　아주 쉽다는 뜻.
◈ 십 년 공부 도루아미타불.
　오래도록 힘쓴 일이 쓸모없게 되었다는 뜻.
◈ 쏘아 놓은 살이요, 엎지른 물이다.
　이미 생긴 일은 어쩔 도리가 없다는 뜻.
◈ 아는 길도 물어 가랬다.
　아무리 쉬워 보여도 정성을 다하라는 뜻.
◈ 아이 말도 귀담아 들어라.
　다른 사람을 귀하게 여겨 하는 말을 잘 들어야 한다는 뜻.
◈ 알까기 전까지 병아리 세지 마라.
　일이 이루어지기 전까지는 허황된 꿈을 꾸며 이득을 세지 말라는 뜻.

+알기쉬운 쏙쏙 사자성어

결초보은(結草報恩)　　죽어서라도 은혜를 갚음.

◈ 억지가 사촌보다 낫다.
  가까운 사람에게 부탁하는 것보다 억지로라도 제 힘으로
  하는 것이 낫다는 뜻.
◈ 얻기 쉬운 것은 잃기 쉽다.
  노력 없이 쉽게 얻은 것은 소중함을 모르기 때문에
  잃기도 쉽다는 뜻.
◈ 엎어진 김에 쉬어간다.
  기왕 실패한 경우를 재기의 기회로 삼는다는 뜻.
◈ 열 번 찍어 아니 넘어가는 나무 없다.
  꾸준히 노력하면 목표를 이룰 수 있다는 뜻.
◈ 용꼬리 되는 것보다 뱀대가리 되는 것이 낫다.
  큰 집단에서 멸시받는 것보다 작은 집단에서 호령하고
  사는 것이 낫다는 뜻.
◈ 우물을 파도 한 우물만 파라.
  꾸준히 성실하게 한 가지에만 몰두해야 성공한다는 뜻.
◈ 이가 없으면 잇몸으로 산다.
  아무리 가진 것이 없어도 어떻게든 살 수 있다는 뜻.
◈ 자식은 낳은 자랑 말고 키운 자랑 하랬다.

+알기쉬운 쏙쏙 사자성어

경거망동(輕擧妄動)   경솔하고 망령된 행동.

자식은 잘 가르치며 기르는 것이 중요하다는 뜻.
◈ 작은 도끼도 연달아 치면 큰 나무를 눕힌다.
약한 힘이지만 꾸준히 노력하면 큰 목표를 이룰 수 있다는 뜻.
◈ 잠을 자야 꿈을 꾸지.
목표를 이루려면 주변 환경을 제대로 만들어야 한다는 뜻.
◈ 장구를 쳐야 춤을 추지.
일을 잘 하려면 주변 분위기가 맞춰줘야 할 수 있다는 뜻.
◈ 장부가 칼을 빼었다가 도로 꽂나.
일단 결심을 했으면 포기해서는 안 된다는 뜻.
◈ 젊어 고생은 사서도 한다.
젊어서 경험하는 고된 일이 훗날 크게 도움이 된다는 뜻.
◈ 젖 먹던 힘까지 다 썼다.
자신이 쓸 수 있는 온갖 노력을 다했다는 뜻.
◈ 죽은 사람만 불쌍하다.
좋든 나쁘든 살아 있는 편이 죽는 편보다 더 낫다는 뜻.
◈ 죽으려고 해도 죽을 겨를이 없다.
너무 바빠서 조금의 여유도 없다는 뜻.
◈ 죽을 수가 생기면 살 수가 생긴다.

+알기쉬운 쏙쏙 사자성어

고광지신(股肱之臣) 임금이 가장 믿고 중히 여기는 신하.

죽을 방법이 생각날 정도면 살아갈 방법도 생긴다는 뜻.
◈ 지성이면 감천이다.
　　어떤 일이든 극진히 하면 하늘도 감동을 받아 일이
　　잘 풀리게 된다는 말.
◈ 참을 인자 셋이면 살인도 면한다.
　　아무리 화가 나도 참으면 큰 불행은 피할 수 있다는 뜻.
◈ 처음이 나쁘면 끝도 나쁘다.
　　시작이 좋아야 끝도 좋다는 뜻.
◈ 천리 길도 한 걸음부터.
　　어떤 일도 처음 시작이 중요하다는 뜻.
◈ 첫 술에 배부르랴.
　　시작하자마자 금세 만족할 수는 없다는 말.
◈ 콩 심은 데 콩 나고 팥 심은 데 팥 난다.
　　어떤 일이든 원인이 있으면 결과가 따른다는 뜻.
◈ 티끌 모아 태산.
　　작은 재산을 소중히 여겨야 큰 재산을 이룰 수 있다는 뜻.
◈ 평양감사도 저 싫으면 그만이다.
　　아무리 좋은 일이라도 자기가 싫어하면 어쩔 수 없다는 뜻.

+알기쉬운 쏙쏙 사자성어

고군분투(孤軍奮鬪)　　외로운 국력으로 대적과 싸움.

◈ 풀을 없애려면 뿌리까지 뽑아야 한다.
좋지 않은 일이나 사람을 그만두게 하려면 철저하게 해야 한다는 뜻.

◈ 하나는 열을 꾸려도, 열은 하나를 못 꾸린다.
책임감 있는 한 사람이 여러 사람을 돕는 경우는 있어도 여러 사람은 책임감이 분산되어 한 사람을 돕기는 어렵다는 뜻.

◈ 하늘이 무너져도 솟아날 구멍이 있다.
아무리 큰 위험이 닥치더라도 살아날 길은 있다는 뜻.

◈ 한술 밥에 배부르랴.
어떤 일이든 순간에 큰 효과를 낼 수 없다는 뜻.

◈ 한시를 참으면 백 날 편하다.
잠깐의 고난을 참으면 나중이 편하다는 뜻.

◈ 한 푼을 아끼면 한 푼이 모인다.
작은 것일수록 아끼면 커진다는 뜻.

◈ 항아리 속에 든 자라 잡기다.
아주 쉬운 일이라는 뜻.

◈ 호랑이 굴에 가야 호랑이 새끼를 잡는다.
일의 결과를 보려면 그에 합당한 시작을 해야 한다는 뜻.

+알기쉬운 쏙쏙 사자성어

골육상쟁(骨肉相爭)   부자 형제끼리 서로 싸움.

어리석음과 경박함
언 발에 오줌 누기

◆ 가까운 길 버리고 먼 길로 간다.
  쉽고 빠른 길이 있는데 어렵고 힘든 방법을 택하는 일은 어리석다는 말.

◆ 가까운 제 눈썹 못 본다.
  자기의 눈과 가장 가까운 눈썹은 볼 수 없다는 뜻. 남의 일은 잘 알고 참견을 하면서 정작 자기의 일은 모르거나 허술하게 하는 경우를 뜻하는 말.

◆ 가는날이 장날이다.
  어떤 일을 하려고 하는데 뜻하지 않은 일을 공교롭게 비유적으로 하는 말.

◆ 가는말이 고와야 오는 말이 곱다.
  자기가 먼저 남에게 잘 대해주어야 남도 자기에게 잘 대해준다는 말

◆ 가랑잎이 솔잎더러 바스락거린다고 한다.
  자신의 실수는 인정하지 않고 타인의 실수만을 들추어 시비를 건다는 말.

◆ 가랑비에 옷 젖는 줄 모른다.
  재산이 조금씩 없어지는 줄 모르게 줄어가는 것을 뜻함.

◆ 가뭄에 콩 나듯 한다.
  수가 너무 적다는 뜻

+알기쉬운 쏙쏙 사자성어

괄목상대(刮目相對)

남의 학식이나 재주가 갑자기 느는 것을 보아 인식을 새롭게 함.

◆ 간다간다 하면서 아이 셋 낳고 간다.
말로는 매번 그만둔다고 말하면서 행동은 그렇지
않은 경우를 이르는 속담.

◆ 간에 가 붙고 쓸개에 가 붙는다.
제게 조금이라도 이로운 일이라면 체면과 뜻을 어기고
아무에게나 아첨한다는 뜻

◆ 갈치가 뛰니 망둥이도 뛴다.
남이 한다고 무작정 따라하는 경우를 이르는 말.

◆ 감나무 밑에 누워 홍시 떨어지기를 바란다.
편하게 아무런 노력도 없이 쉽게 결과가 잘되기를 바란다는 뜻.

◆ 갓 쓰고 자전거 탄다.
자신의 처지에 어울리지 않는 행동을 하는 사람을 이르는 말.

◆ 강물도 쓰면 준다.
아무리 많아도 쓰면 준다는 뜻

◆ 개구리 올챙이 적 생각을 못 한다.
어려웠던 시절을 생각하지 않고 현재의 처지로 우쭐대는
경우를 이르는 말.

◆ 개도 얻어맞은 골목에는 가지 않는다.
같은 실수는 어리석게 되풀이하지 말라는 뜻.

+알기쉬운 쏙쏙 사자성어

관포지교(管鮑之交)   우정이 깊은 사귐.

◈ 개미구멍으로 공든 탑 무너진다.
  작은 허물을 내버려두면 나중에 큰 곤란을 겪게 된다는 뜻.
◈ 개미 나는 곳에 범이 난다.
  대수롭지 않은 일을 손보지 않으면 나중에 큰 골칫거리가 된다는 뜻.
◈ 개살구 지레 터진다.
  능력이 부족한 사람이 먼저 덤비다가 낭패를 본다는 말.
◈ 거미도 줄을 쳐야 벌레를 잡는다.
  모든 일은 준비가 있어야 결실을 얻을 수 있다는 뜻.
◈ 거지는 고마운 줄을 모른다.
  늘 받고만 산 사람은 그 일을 당연히 여겨 고마워할 줄 모른다는 뜻.
◈ 거짓말 사흘 안 간다.
  거짓말은 금방 들통 난다는 뜻.
◈ 걷기도 전에 뛰려고 한다.
  걸음마도 못하는 아이가 뛰려한다는 말로 마음이 급한 사람을 나무라는 말.
◈ 게으른 놈과 거지는 사촌이다.
  게으른 사람은 가난하게 산다는 뜻.

+알기쉬운 쏙쏙 사자성어

군신유의(君臣有義)   임금과 신하는 의가 있어야 함.

◈ 게으른 놈은 저녁때 바쁘다.
게으른 사람은 뒤늦게 바쁜 척을 한다는 뜻.

◈ 게으른 놈치고 일 못 한다고 하는 놈 없다.
게으른 사람은 입으로만 일을 잘한다고 큰소리친다는 뜻.

◈ 게으른 선비 책장 넘기기.
게으른 사람은 하는 일이 건성이라는 뜻.

◈ 경상도에서 죽 쑤는 놈, 전라도에 가서도 죽 쑨다.
미천한 사람은 환경이 바뀌어도 달라지지 않는다는 뜻.

◈ 경주 돌이면 다 옥석인가.
경주에 옥이 많이 난다고 하여 경주의 돌이 다 옥은 아니라는 말. 아무리 좋아도 결점은 있기 마련이라는 뜻.

◈ 계란으로 바위치기.
불가능한 일을 이루려는 경우나 사람을 이를 때 쓰는 말.

◈ 고름이 살 되랴.
잘못은 돌이킬 수 없다는 뜻.

◈ 고양이가 쥐 생각한다.
마음에 없는 걱정을 해주는 사람의 행동을 일컫는 말.

◈ 고양이가 쥐 놀리듯 한다.

+알기쉬운 쏙쏙 사자성어

궁여지책(窮餘之策)   매우 궁하고 어려운 끝에 짜낸 한 가지 꾀.

힘 있는 사람이 힘없는 사람을 함부로 대하는 경우에 쓰는 말.

◈ 고양이 보고 반찬가게 지켜 달란다.
  신용이 없는 사람에게 신용을 주는 경우를 이르는 말.

◈ 곧은 나무 먼저 꺾인다.
  쓸모가 많아 보이는 사람이 일찍 화를 당한다는 뜻.

◈ 공자 앞에서 문자 쓴다.
  설피 아는 사람이 많이 아는 사람 앞에서 잘난 체를
  한다는 뜻.

◈ 곶감 꼬치에서 곶감 빼먹듯 한다.
  아까운 재산을 조금씩 탕진해 없앨 때를 이르는 말.

◈ 고래 싸움에 새우 등 터진다.
  강한 자들의 싸우는 통에 아무 상관도 없는 약한 자가
  중간에 끼어 피해를 입게 됨을 이르는 말.

◈ 고인 물은 썩는다.
  아무리 훌륭한 재주가 있어도 쓰지 않으면
  좋지 않게 변한다는 뜻.

◈ 구더기 무서워 장 못 담글까?
  미리 걱정하여 할 일을 하지 않으면 안 된다는 뜻.

+알기쉬운 쏙쏙 사자성어

권모술수(權謀術數)   그때 그때의 형편에 따라 둘러치는 모략이나 수단.

◈ 구렁이 담 넘어가듯 한다.
  어떤 일을 야무지게 하지 않고 적당히 넘어가려할 때를 이르는 말.
◈ 구슬이 서 말이라도 꿰어야 보배.
  아무리 좋은 솜씨와 훌륭한 일이라도 끝을 마쳐야 쓸모가 있다는 뜻
◈ 굴레 벗은 망아지.
  지극히 자유로운 상태를 뜻하는 말. 또는 지나친 행동을 나무라는 뜻.
◈ 굶어 보아야 세상을 안다.
  배고파 고생을 해 본 사람은 세상살이가 얼마나 어려운지 않다는 뜻.
◈ 굽히는 것이 꺾이는 것보다 낫다.
  큰일을 위해 양보하는 것이 맞서다 상하는 것보다는 낫다는 말.
◈ 굿이나 보고 떡이나 먹지.
  쓸데없는 간섭을 하는 것 보다는 상황을 살피어 필요한 이득을 챙기는 편이 낫다는 뜻.

+알기쉬운 쏙쏙 사자성어

권선징악(勸善懲惡) 착한 일을 권장하고 악한 일을 징계함.

◈ 긁어 부스럼을 만든다.
하지 않아도 되는 일을 하여 공연한 화를 만드는 경우를 이르는 뜻.

◈ 기운 세다고 소가 왕 노릇 할까.
아무리 힘이 좋아도 미련하면 지도자의 위치에 설 수 없다는 뜻.

◈ 기기도 전에 날려고 한다.
마음이 급하여 절차를 무시하고 대드는 모양을 뜻하는 말.

◈ 길로 가라니까 뫼로 간다.
편한 방법을 가르쳐주었는데 듣지 않고 제 고집대로 하는 경우를 뜻하는 말.

◈ 깨진 그릇 맞추기다.
한 번 잘못된 일은 다시 되돌리기 힘들다는 뜻.

◈ 꼬리가 길면 밟힌다.
나쁜 일을 아무도 모르게 하더라도 길게 하면 잡힌다는 뜻.

◈ 꼴 보고 이름 짓는다.

+알기쉬운 쏙쏙 사자성어

근묵자흑(近墨自黑)   악한 사람을 가까이하면 그 버릇에 물들기 쉬움.

모양을 보고 그에 걸 맞는 이름을 짓는다는 뜻으로 평소의 품행이 발라야한다는 뜻.

◈ 나귀 등에 짐을 지고 타나 얹고 타나 마찬가지다.
일이 힘든 경우 쉽게 하려 머리를 써도 마찬가지라는 뜻.

◈ 나무에 오르라 하고 흔드는 격.
남을 위험하게하고 궁지에몰아 놓는다는 뜻.

◈ 나중 보자는 사람 무섭지 않다.
말로 으름장을 놓는 사람 치고 매서운 사람이 없다는 뜻.

◈ 남산 골 샌님.
가난하고 무능한 사람을 낮잡아 이르는 말.

◈ 남의 고기 한 점 먹고 내 고기 열 점 준다.
사소한 것을 탐하다가 큰 손해를 입는다는 뜻.

◈ 남의 다리 긁는다.
자기를 위한다고 한 일이 남 좋은 일이 되고 말았다는 뜻.

◈ 남의 등은 봐도 제 등은 못 본다.
남의 허물은 잘 보이지만 제 허물은 보기 어렵다는 뜻.

◈ 남의 말 하기는 식은 죽 먹기.

+알기쉬운 쏙쏙 사자성어

금상첨화(錦上添花)   좋은 일이 겹침

다른 사람의 허물을 말하는 것은 아주
쉬운 일이라는 뜻.

◆ 남의 머리는 깎아도 제 머리는 못 깎는다.
다른 사람의 어려움은 도울 수 있지만 자기 자신의 일에는
손을 쓰지 못할 때를 이르는 말.

◆ 남의 빚보증 서는 자식은 낳지도 말랬다.
빚보증을 서는 일을 경계하는 말.

◆ 남의 싸움에 칼 빼기.
공연히 자기와 관련 없는 사람의 일에 끼어든다는 뜻.

◆ 남의 잔치에 감 놔라 배 놔라 한다.
쓸 때 없이 남의 일에 간섭한다는 뜻.

◆ 남의 제사에 감 놔라 배 놔라 한다.
자기의 기준에 맞춰 남의 일까지 간섭하는 경우를 뜻하는 말.

◆ 남의 장단에 춤춘다.
쓸데없이 다른 사람이 하라는 대로 따라하는
경우를 뜻하는 말.

◆ 남의 흉 한 가지면 제 흉은 열 가지이다.
자기의 허물은 모르고 다른 사람의 허물만

+알기쉬운 쏙쏙 사자성어

금시초문(今時初聞)
이제야 비로소 처음으로 들음.

탓한다는 뜻.
◈ 남이야 전봇대로 이를 쑤시건 말건.
쓸데없는 참견을 하지 말라는 뜻.
◈ 낫 놓고 기역자도 모른다.
너무 아는 것이 없다는 뜻.
◈ 낯가죽이 두껍다.
얼굴이 붉어지지 않을 만큼 부끄러움과 염치가 없이 뻔뻔하다는 뜻.
◈ 냉수도 불어 먹겠다.
지나치게 조심성이 많은 사람을 뜻하는 말.
◈ 냉수 먹고 속 차려라.
어떤 일에 공연히 열을 올리지 말고 냉정히 정신을 차리라는 뜻.
◈ 노루 꼬리가 길면 얼마나 갈까.
보잘 것 없는 재주를 자랑하는 사람을 비웃는 말.
◈ 노루를 피하다가 범을 만난다.
작은 손해를 보지 않으려다 오히려 큰 손해를 당한다는 뜻.
◈ 노루 보고 쫓다가 잡은 토끼 놓친다.

+알기쉬운 쏙쏙 사자성어

금의환향(錦衣還鄕)   출세하여 고향에 돌아옴.

욕심을 부리다가 있는 복도 놓친다는 뜻.

◈ 농사꾼은 굶어 죽어도 종자는 베고 죽는다.
  답답할 정도로 융통성이 없어서 어리석고 인색한 사람을 이르는 말.

◈ 놓아먹인 망아지 같다.
  사람이 길들이지 않은 가축처럼 제멋대로라는 뜻.

◈ 누워서 침 뱉기.
  다른 이를 모함하려다 도리어 자기가 망신을 당한다는 뜻.

◈ 눈 가리고 아웅 한다.
  어리석은 방법으로 남을 기만하려 한다는 뜻.

◈ 눈 먼 탓이나 하지 개천 나무래 무엇하랴.
  제 허물은 뒷전이고 남 탓만 하는 경우를 이르는 말.

◈ 눈이 눈썹을 못 본다.
  가까운 곳에서 벌어지는 일은 잘 알지 못한다는 뜻.

◈ 늦게 배운 도둑이 날 새는 줄 모른다.
  늦게 시작한 일에 재미가 붙어 주위 사정을 신경 쓰지 않는다는 뜻.

+알기쉬운 쏙쏙 사자성어

기고만장(氣高萬丈)   씩씩한 기운을 크게 떨침.

◈ 다람쥐 쳇바퀴 돌 듯한다.
  하는 일이 매번 같아 발전이 없다는 뜻.
◈ 단 솥에 물 붓기.
  뜨겁게 단 솥에 물을 부어 튀어나가거나 증발하는 것처럼
  사정이 이미 좋지 않은데 도움을 줘 봐야 소용이 없다는 뜻.
◈ 달리는 말 위에서 산 구경하기.
  대충한 일이라 자세한 사정을 잘 모른다는 뜻.
◈ 달 보고 짖는 개.
  공연한 일에 소란을 피우는 사람을 뜻하는 말.
◈ 닭 잡아 겪을 나그네, 소 잡아 겪는다.
  적은 비용으로 치를 일을 어렵게 하여 큰 비용을
  치르게 되었다는 뜻.
◈ 대장장이 집에 식칼이 없다.
  당연히 있어야 할 물건이 없는 경우를 이르는 말.
◈ 도끼 제 자루 못 찍는다.
  남의 일은 잘 하면서 정작 자기 일은 할 수
  없을 때를 이르는 말.
◈ 도둑고양이더러 제물 지켜 달랜다.

+알기쉬운 쏙쏙 사자성어

기사회생(起死回生)   중병으로 죽을 뻔하다가 도로 살아남.

믿을 수 없는 사람에게 일을 맡기는 것을 빗댄 말.

◈ 도둑놈 문 열어 준 셈.
화를 자초한 경우를 이르는 말.

◈ 도둑맞고 사립 고친다.
손해를 본 후에 어리석게 예방하는 경우를 이르는 말.

◈ 도둑을 앞으로 잡지 뒤로 잡나.
분명한 증거가 없으면 남을 의심할 수 없다는 뜻.

◈ 도토리 키 재기.
보잘 것 없는 재주를 가지고 서로 잘났다고 다투는 것을 비웃는 말.

◈ 돈이 돈을 번다.
돈이 많으면 돈을 벌 일이 많아진다는 뜻.

◈ 돌팔이 의사가 사람 잡는다.
잘 알지도 못하는 사람이 아는 척하다가 일을 망친다는 뜻.

◈ 동네 색시 믿고 장가 못 든다.
제 생각만 믿고 있다가 일을 그르친다는 뜻.

◈ 동녘이 훤하면 제 세상인 줄 안다.

+알기쉬운 쏙쏙 사자성어

기상천외(奇想天外) 보통 사람이 생각할 수 없는 엉뚱한 생각.

제 생각에 빠져 모든 일이 잘될 줄만 믿고 있는 어리석은
사람이란 뜻.
◆ 되로 주고 말로 받는다.
좋은 일이든 나쁜 일이든, 적게 주고
많이 받는다는 뜻.
◆ 들어오는 복도 차 버린다.
너무 경솔한 행동만 하는 사람을 이르는 뜻.
◆ 들으면 병이요, 안 들으면 약이다.
걱정이 되는 말은 안 듣는 것이 낫다는 뜻.
◆ 등잔 밑이 어둡다.
사람은 가장 가까운 곳의 일을 소홀히 하기 마련이라
잘 모른다는 뜻.
◆ 땅 짚고 헤엄치기.
아주 쉬운 일을 이르는 말.
◆ 떡 줄 사람은 생각도 않는데 김칫국부터 마신다.
줄 사람은 생각지도 않는데 자기에게 줄 것처럼 여기고
미리 설치는 사람을 이르는 말.
◆ 똥 묻은 개가 겨 묻은 개를 나무란다.

+알기쉬운 쏙쏙 사자성어

난형난제(難兄難弟)　서로 실력이 대등하여 우열을 가리기 어려움.

큰 허물을 가진 사람이 작은 허물을 가진
사람을 나무랄 때를 이르는 말.

◈ 말 많은 집은 장맛도 쓰다.
실속은 없이 말만 많은 집은 일이 제대로 되지
않는다는 뜻.

◈ 말은 청산유수 같다.
말을 아주 잘한다는 뜻이지만 주로 말만 잘하고 행동은
하지 않는다는 뜻.

◈ 망둥이가 뛰니까 꼴뚜기도 뛴다.
어떤 일인지도 모르고 남이 하니까 덩달아
하는 꼴을 이르는 말.

◈ 망치가 가벼우면 못이 솟는다.
잘못한 사람을 가볍게 다스리면 잘못한
사람이 대든다는 뜻.

◈ 매가 새를 쫓듯 한다.
권세가 강한 사람이 약한 사람을 심하게
대할 때를 이르는 말.

◈ 머리 검은 짐승은 남의 은혜를 모른다.

+알기쉬운 쏙쏙 사자성어

남가일몽(南柯一夢)   한때의 헛된 부귀.

사람은 남의 고마움을 쉽게 잊는다는 뜻.
◈ 머슴살이 삼 년에 주인 성도 모른다.
무심함이 지나친 사람을 이르는 말.
◈ 목수가 많으면 집이 무너진다.
어떤 일에 참견하는 사람이 많으면 오히려 일을 망친다는 뜻.
◈ 못난 자식이 조상 탓한다.
자기의 잘못을 남 탓으로 돌리는 사람은 어리석다는 뜻.
◈ 밑도 끝도 없다.
일의 시작과 말미가 분명하지 않아 갈피를 잡을 수 없다는 뜻.
◈ 밑 빠진 독에 물 붓기.
아무리 노력해도 성과가 나지 않는 때를 이르는 말.
◈ 바늘구멍으로 하늘 보기.
치우치고 좁은 생각을 하는 사람을 이르는 말.
◈ 바늘 도둑이 소도둑 된다.
작은 허물을 고치지 않으면 나중에 큰 허물을 만든다는 뜻.
◈ 바위를 차면 제 발부리만 아프다.

+알기쉬운 쏙쏙 사자성어

노심초사(勞心焦思)   애를 써 속을 태움.

센 상대는 꺾으려 해봐야 자기만 손해라는 뜻.

◈ 바지저고리인 줄 아느냐?

어떤 사람을 세상물정 모르는 만만한 사람으로 여기지 말라는 반어적 표현.

◈ 번갯불로 콩 구워먹기.

성질이 급한 사람의 행동을 이르는 말.

◈ 변덕이 죽 끓듯 한다.

죽 끓는 모양처럼 변덕이 심한 사람을 이르는 말.

◈ 병에 가득 찬 물은 저어도 소리가 안 난다.

학식이 깊은 사람은 말이 요란하지 않다는 뜻.

◈ 봄 꿩이 제 울음에 죽는다.

자신을 자랑하다 오히려 해를 당한다는 뜻.

◈ 부엌에서 숟가락을 얻었다.

어렵지 않은 일을 하고 큰일을 한 것처럼 자랑한다는 뜻.

◈ 비단옷 입고 밤길 가기.

자랑할 만한 일이나 물건을 아무도 알아주지 않는다는 뜻.

+알기쉬운 쏙쏙 사자성어

녹음방초(綠陰芳草)   푸른 나무 그늘과 꽃다운 풀.

◈ 빈 수레가 더 요란하다.
학식이나 지혜가 얕을수록 더 아는 척을 한다는 뜻.

◈ 사공이 많으면 배가 산으로 간다.
아는 체를 하는 사람이 많으면 말만 많아져 아무 일도 되지 않는다는 말.

◈ 사또 떠난 뒤에 나팔 분다.
일을 해야 할 때에 하지 않고 어리석게 늦은 다음에 한다는 뜻.

◈ 상좌승이 많으면 가마솥을 깨뜨린다.
간섭하는 사람이 많으면 일을 그르친다는 뜻.

◈ 새우싸움에 고래 등 터진다.
아랫사람이 저지른 일로 웃사람에게 해가 미침을 말함

◈ 새벽달 보려고 초저녁부터 기다린다.
너무 서두른다는 뜻.

◈ 새 잡아 잔치할 것을 소 잡아 잔치한다.
적은 비용으로 할 일을 크게 벌여 손해를 본다는 뜻.

◈ 생일날 잘 먹으려고 이레를 굶는다.

+알기쉬운 쏙쏙 사자성어

단도직입(單刀直入)   요점을 바로 들어감.

현실을 외면하고 미래의 일에 들떠있다는 뜻.

◈ 서투른 무당이 장구만 나무란다.
　일이 서툰 사람이 다른 사람이나 도구 탓을 한다는 뜻.

◈ 선무당이 사람 잡는다.
　재주가 서툰 사람이 일을 하여 다른 사람에게
　해를 끼친다는 뜻.

◈ 섶을 지고 불로 들어간다.
　스스로 화를 자초하는 경우를 이르는 말.

◈ 소경이 개천을 나무란다.
　제 잘못은 모르고 공연히 남 탓을 한다는 뜻.

◈ 소경 잠자나 마나.
　일의 성과가 미미하다는 뜻.

◈ 소경 제 닭 잡아먹기.
　제 손해인줄 모르고 기뻐하는 경우를 이르는 말.

◈ 소문 난 잔치에 먹을 것 없다.
　그럴싸한 소문 치고 실속 있는 것이 없다는 뜻.

◈ 소 잃고 외양간 고친다.
　일을 망친 후에 예방을 하는 어리석은

+알기쉬운 쏙쏙 사자성어

대경실색(大驚失色)　　몹시 놀라 낯빛이 달라짐.

행동을 이르는 말.

◈ 손톱 밑에 가시 드는 줄은 알아도, 염통 밑에 쉬 스는 줄은 모른다.
눈에 보이는 작은 위험은 알 수 있지만 보이지 않는 큰 위험은 알아채지 못한다는 뜻.

◈ 솔 심어 정자 짓기.
미래의 일은 알 수 없다는 뜻.

◈ 송충이가 갈잎을 먹으면 떨어진다.
제 주제에 맞지 않는 일을 하면 화를 본다는 뜻.

◈ 쇠귀에 경 읽기.
알지 못하는 사람에게 아무리 얘기해도 알아듣지 못한다는 뜻.

◈ 수박 겉핥기.
자세한 속사정은 모르고 겉만 대충 훑어보는 경우를 이르는 말.

◈ 수양딸 며느리 삼기.
도리에 맞지 않는 줄 모르고 제 편한 대로 한다는 뜻.

+알기쉬운 쏙쏙 사자성어

대기만성(大器晩成)

크게 될 인물은 오랜 공적을 쌓아 늦게 이루어짐.

◈ 숯이 검정 나무란다.
남을 탓할 자격이 없는 사람이 탓을 하는 경우를 이르는 말.

◈ 시원찮은 귀신이 사람 잡아간다.
어설픈 재주를 가진 사람이 큰 손해를 끼친다는 뜻.

◈ 시집도 가기 전에 포대기 마련한다.
지나치게 일을 서두른다는 뜻.

◈ 신선놀음에 도끼 자루 썩는 줄 모른다.
재미에 한눈파는 바람에 할일을 잊는다는 뜻.

◈ 아는 게 병이다.
모르고 지나가도 되는 일이지만 알기 때문에 걱정거리가 는다는 뜻.

◈ 아랫돌 빼서 윗돌 괴고 윗돌 빼서 아랫돌 괴기.
일을 하는 모양이 성의 없거나 어리석어보일 때를 이르는 말.

◈ 아이를 예뻐하면 옷에 똥칠을 한다.
철없는 사람을 가까이 하면 절로 손해를 입게 된다는 뜻.

◈ 아이 싸움이 어른 싸움 된다.
사소한 다툼이 큰 다툼으로 번진다는 뜻.

+알기쉬운 쏙쏙 사자성어

동고동락(同苦同樂)   괴로움과 즐거움을 함께 함.

◆ 안 먹겠다 침 뱉은 물 돌아서서 다시 먹는다.
얕은 생각으로 도움이 되지 않아 외면했지만 결국 도움을 청하게 된다는 뜻.

◆ 암탉이 울면 집안이 망한다.
여자가 지나치게 나서면 집안 일이 안 된다는 뜻.

◆ 앞집 처녀 믿다가 장가 못 간다.
허황된 생각을 하다가 할 일을 못한다는 뜻.

◆ 어느 장단에 춤추랴.
참견이 많아 어느 말을 들어야 좋을지 모르겠다는 뜻.

◆ 어물전 망신은 꼴뚜기가 시킨다.
못난 한 사람이 많은 사람을 같이 망신시킨다는 뜻.

◆ 언 발에 오줌 누기.
눈앞의 이득을 위해 큰 손해를 만드는 어리석은 행동을 이르는 말.

◆ 얻어 들은 풍월.
여기저기에서 배운 얕은 지식을 이르는 말.

◆ 열을 듣고도 하나도 모른다.
무식하다는 뜻.

+알기쉬운 쏙쏙 사자성어

동량지재(棟梁之材) 한 집이나 한 나라를 맡아 다스릴 만한 인재.

◈ 옆구리 찔러 절 받기.
눈치가 없는 사람을 억지로 부추겨 움직이게 한다는 뜻.

◈ 오십보백보이다.
오십 보를 도망가나 백 보를 도망가나
도망친 것은 똑같다는 뜻.

◈ 외상이면 사돈집 소도 잡아먹는다.
지난일은 생각하지도 않고 좋은 일만 생각하여 어떤 일이든
무턱대고 행동한다는 뜻.

◈ 용의 수염을 만지고 범의 꼬리를 밟는다.
겁 없이 행동하는 경우를 이르는 말.

◈ 우물 안 개구리.
자신이 아는 지식과 경험이 전부라고
생각하는 사람을 이르는 말.

◈ 우물에 가서 숭늉 찾겠다.
마음이 몹시 급한 사람의 행동을 이르는 말.

◈ 이도 안 난 것이 뼈다귀 추렴하겠단다.
능력이나 재주가 되지 않는 사람이 일을 하겠다고 나설
때를 이르는 말.

+알기쉬운 쏙쏙 사자성어

동문서답(東問西答)

묻는 말에 대하여 아주 엉뚱하게 대답함.

◈ 이마에 피도 안 말랐다.
재주가 부족하고 여려서 어떤 일을 하기에
부족한 사람을 이르는 말.

◈ 이불 속에서 활개 친다.
남이 보는 곳에서는 꼼짝 못하다가 혼자 있을 때에는
마음대로 하는 못난 사람을 이르는 말.

◈ 장님 코끼리 말하듯 한다.
일부만 아는 사람이 그것이 전부인양
말할 때를 이르는 말.

◈ 장대로 별 따기.
어리석은 행동을 이르는 말.

◈ 절도 모르고 시주한다.
영문도 모르고 남에게 재물을 주었다는 뜻.

◈ 절에 가서 빗장사를 한다.
어리석은 행동을 하는 사람을 이르는 말.

◈ 절에 가서 젓국을 찾는다.
어리석게 쓸모없는 행동을 하는 경우를 이르는 말.

◈ 제가 제 눈 찌른다.

+알기쉬운 쏙쏙 사자성어

동분서주(東奔西走)   부산하게 이리저리 돌아다님.

자기의 어리석음 때문에 스스로 화를 불러들인다는 뜻.

◈ 제 꾀에 넘어간다.

남을 속이려다 도리어 자기가 당한다는 뜻.

◈ 제 똥 구린 줄 모른다.

잘못을 하고도 자기 잘못을 깨닫지 못한다는 뜻.

◈ 제 발등에 불을 먼저 끄랬다.

다른 사람의 일에 간섭하기 전에 자신의 일부터 잘 살피라는 뜻.

◈ 제 집 개도 밟으면 문다.

아무리 약해 보이는 가까운 사람도 심하게 대하면 화를 낸다는 뜻.

◈ 쥐 안 잡은 고양이.

제 할 일을 하지 않는 사람을 이르는 말.

◈ 참새 잡으려다 꿩을 놓친다.

작은 것 탐하다가 큰 것을 놓친다는 뜻.

◈ 철들자 망령난다.

해야 할 때를 놓치면 돌이키기 힘들다는 뜻.

◈ 칠월 더부살이가 마누라 속곳 걱정한다.

+알기쉬운 쏙쏙 사자성어

두문불출(杜門不出)   세상과 인연을 끊고 나가지 않음.

주제넘은 걱정을 한다는 뜻.

◈ 칼 든 놈은 칼로 망한다.
다른 사람을 해치려고 하는 사람은 다른 사람에게
해를 당한다는 뜻.

◈ 칼 짚고 뜀뛰기.
위험한 행동을 거리낌 없이 행동으로 하는
경우를 뜻하는 말.

◈ 콩 볶아 먹다가 가마솥 깨뜨린다.
경솔한 짓을 하다가 일을 크게 그르친다는 뜻.

◈ 큰 방죽도 개미구멍으로 무너진다.
사소한 흠을 고치지 않으면 나중에 돌이킬 수 없는 화를
불러들인다는 말.

◈ 타는 불에 부채질한다.
좋지 않은 일을 더욱 안 좋게 만든다는 뜻.

◈ 털도 안 뜯고 먹겠다 한다.
이것저것 가리지 않고 성급하게 취하려 한다는 뜻.

◈ 포수 집 강아지 범 무서운 줄 모르듯.
배경을 믿고 함부로 행동한다는 뜻.

+알기쉬운 쏙쏙 사자성어

등화가친(燈火可親)

가을 밤은 서늘하여 등불을
가까이 두고 책 읽기에 좋음.

◈ 하늘 높은 줄 모른다.
세상 무서운 줄을 모르고 철없이 굴 때를 이르는 말.

◈ 하늘만 보고 다니는 사람은 개천에 빠진다.
허황된 생각만 하다가 낭패를 본다는 뜻.

◈ 하늘에 돌 던지는 격.
공연히 헛수고를 했다는 뜻.

◈ 하늘을 도리질한다.
세상 두려울 것이 없는 듯 행동한다는 뜻.

◈ 하루살이 불보고 덤비듯 한다.
자기가 위험한 줄도 모르고 어리석게 덤빈다는 뜻.

◈ 하루 죽을 줄은 모르고 열흘 살 줄만 안다.
어찌될 줄 모르고 기고만장하여 설치고 다니는 모양을 이르는 말.

◈ 하룻강아지 범 무서운 줄 모른다.
철없이 세상모르고 함부로 한다는 뜻.

◈ 한 가랑이에 두 다리 넣는다.
너무 급히 서두르는 모양을 이르는 말.

◈ 함정을 보고도 빠진다.

+알기쉬운 쏙쏙 사자성어

마이동풍(馬耳東風) 남의 말을 귀담아듣지 아니하고 흘려 버림.

알고도 당한다는 뜻.

◈ 행차 뒤에 나발.
일이 끝난 후에 뒤늦게 설친다는 뜻.

◈ 헛물만 켠다.
되지도 않을 일을 공연히 미리 기대한다는 뜻.

◈ 호랑이 보고 창구멍 막기.
다급하여 대비를 서투르게 한 경우를 이르는 말.

◈ 호미로 막을 것을 가래로 막는다.
작은 노력으로 예방할 일을 미루어 두었다가
일이 커져 큰 노력을 들여야 하게 되었다는 뜻.

◈ 호박씨 까서 한입에 털어 넣는다.
애써 모아 한 번에 모두 써버린다는 뜻.

◈ 화약 지고 불로 들어간다.
위험한 일을 스스로 불러들인다는 뜻.

+알기쉬운 쏙쏙 사자성어

명약관화(明若觀火) 불을 보듯이 환함.

가난과 역경
목구멍이 포도청이다

◈ 가난도 스승이다.
가난하면 부족한 것의 소중함을 잘 알게 되므로 배울
점이 많다는 뜻.

◈ 가난한 집 제삿날 돌아오듯 한다.
제사 음식 차릴 돈도 없는데 제사가 자주 돌아오는
곤란한 처지를 뜻하는 말.어려운 처지에 어렵고 힘든 일이 더욱
겹치는 경우에 쓰는 말.

◈ 가난한 집에서 효자 난다.
집이 가난하면 자식이 부모의 힘든 처지를 잘 알기 때문에
효도를 잘 한다는 뜻.

◈ 가난할수록 기와집 짓는다.
가난하면 다른 이에게 놀림 받지 않으려고
쓸데없이 허세를 부리는 경우를 뜻하는 말.

◈ 가난할 때 사귄 친구.
가진 것이 없고 힘들 때 서로 도우며 용기를
주는 친구가 참된 친구라는 뜻.

◈ 가난뱅이 조상 안 둔 부자 없고, 부자 조상 안 둔
가난뱅이 없다.

+알기쉬운 쏙쏙 사자성어

무릉도원(武陵桃源)   속세를 떠난 별천지.

누구나 부자가 되고 가난한 사람도 될 수 있으니, 재산이 없다고 좌절하거나 재산이 많다고 자랑하지 말라는 뜻.

◈ 가루 팔러 가니 바람 불고, 소금 팔러 가니 이슬비 온다.
뜻하는 일이 잘 풀리지 않을 때 쓰는 속담.

◈ 간에 기별도 안 간다.
음식을 조금밖에 먹지 못하여 제 양에 차지 않을 때 하는 말

◈ 같은 값이면 다홍치마.
같은 값이면 자기에게 소득이 많은 것으로 택한다는 뜻

◈ 개같이 벌어서 정승같이 쓴다.
아무리 천한 일을 해도 씀씀이는 귀하고 보람 있게 하라는 뜻.

◈ 개똥이 무서워 피하나, 더러워 피하지.
행실이 좋지 않은 사람과 싸우는 것보다 피하는 것이 낫다는 뜻.

◈ 개밥에 도토리.
무리에 어울리지 못하고 천대받는 처지를 이르는 말.

◈ 개 팔자가 상팔자라.
천대받는 처지이지만 책임질 일이 적어 일이

+알기쉬운 쏙쏙 사자성어

문방사우(文房四友)　　종이·붓·먹·벼루의 문방구.

고되지 않음을 낮추어 비유한 말.
◈ 개천에서 용 난다.
가난한 집안에서 훌륭한 인물이 나왔을 때 쓰는 말.
◈ 거지가 도승지를 불쌍타 한다.
분수에 맞지 않는 허세를 부리는 사람을 비꼬는 말.
◈ 거지가 동냥 바가지 자랑하듯 한다.
자기에게 허물이 될 수도 있는 것을 도리어
자랑하는 일을 비꼬는 말.
◈ 겨우 여우를 피했는데 다시 범을 만났다.
어려운 일을 피하자 더 큰 어려움이 나타났다는 뜻.
◈ 경치고 포도청 간다.
안 좋은 일이 겹쳐서 일어날 때를 일컫는 말.
◈ 계란에도 뼈가 있다.
일이 잘 풀리지 않고 있는데 모처럼 좋은 기회가 와도
그 역시 잘 풀리지 않는다는 뜻.
◈ 고향을 떠나면 천하다.
잘 아는 일이나 장소를 그만두면
대접받지 못한다는 뜻.

+알기쉬운 쏙쏙 사자성어

미사여구(美辭麗句)

아름다운 말과 훌륭한 글귀.

◆ 곤장 매고 매 맞으러 간다.
공연한 일을 하여 화를 키운다는 뜻.
◆ 구덩이 피하다가 우물에 빠진다.
적은 손해를 피하려다 더 큰 손해를 보게 될 때를 이르는 말.
◆ 국 쏟고 허벅지 덴다.
좋지 않은 일이 연이어 일어날 때를 이르는 말.
◆ 굴러온 돌이 박힌 돌을 뺀다.
새로 시작한 사람이 원래 그것을 하던 사람의 자리를 빼앗는다는 뜻.
◆ 굶어 봐야 세상을 안다.
고생을 통해 세상의 인심과 이치를 안다는 뜻.
◆ 굶어 죽기는 정승하기보다 어렵다.
아무리 가난해도 굶어죽도록 없지는 않다는 뜻.
◆ 나무에 잘 오르는 놈이 나무에서 떨어지고, 헤엄 잘 치는 놈이 물에 빠져 죽는다.
아무리 잘하는 일이라도 실수를 하는 법이라는 뜻.
◆ 남의 밥보고 장 떠먹는다.

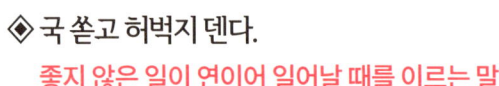

+알기쉬운 쏙쏙 사자성어

만년지계 (萬年之計)

아주 먼 훗날까지를 미리 내다본 계획.

처지가 곤란하여 남이 잘 되는 것을 보고 덩달아 위안으로 삼는다는 뜻.

◈ 남의 밥을 먹어 봐야 부모 은덕 안다.
고생을 해야 부모의 고마움을 느낀다는 뜻.

◈ 남이 눈 똥에 주저앉는다.
다른 사람의 잘못에 연루되어 공연한 손해를 보게 된 경우를 뜻하는 말.

◈ 내 밥 먹은 개 내 발등 문다.
은혜를 베풀었는데 도리어 상대방에게 손해를 입게 된 경우를 뜻하는 말.

◈ 내 코가 석 자다.
자기의 형편이 어려워 남을 돌볼 틈이 없는 경우를 뜻하는 말.

◈ 높은 가지가 부러지기 쉽다.
높은 지위에 있을수록 지위가 위태로울 수 있다는 뜻.

◈ 눈 뜨고 도둑맞는다.
알면서도 손해를 본다는 뜻.

◈ 눈은 풍년이나 입은 흉년이라.

+알기쉬운 쏙쏙 사자성어

맹모삼천 (孟母三遷) 교육에는 주위 환경이 중요하다는 가르침.

좋은 것이 많아도 자기가 가질 것은 없다는 뜻.

◈ 대추나무에 연 걸리듯 하다.

이것저것 골치 아픈 일이 많이 있다는 뜻.

◈ 도둑놈도 의리가 있다.

아무리 나쁜 일을 하는 사람들이라도 그 속에 질서와 의리가 있다는 말.

◈ 도둑을 맞으려면 개도 안 짖는다.

나쁜 일이 생기려면 잘 되던 일도 되지 않는다는 말.

◈ 도둑의 때는 벗어도 자식의 때는 못 벗는다.

자신의 잘못은 돌이킬 수 있지만 자식의 잘못은 부모가 책임져야 한다는 뜻.

◈ 독 안에 든 쥐.

아무리 애를 써도 벗어날 수 없는 처지에 빠진 경우를 이르는 말.

◈ 동냥은 주지 못할망정 쪽박은 깨지 말랬다.

불쌍한 사람 도움은 주지 못하더라도 해를 주어서는 안 된다는 뜻.

◈ 동네북인가.

+알기쉬운 쏙쏙 사자성어

막역지우(莫逆之友)   허물없이 친한 벗.

여러 사람이 업신여겨 함부로 대한다는 뜻.

◈ 둘러치나 메어치나 마찬가지이다.
다른 방법 같지만 결과는 같다는 뜻.

◈ 딸이 셋이면 문을 열어 놓고 잔다.
딸이 셋이면 도둑이 들지 않을 만큼 가난해진다는 뜻.

◈ 마디에 옹이.
하는 일마다 잘 풀리지 않을 때를 이르는 말.

◈ 마루가 높으면 천장이 낮다.
하는 일이 모두 잘될 수는 없다는 뜻.

◈ 마른하늘 벼락 맞는다.
아주 운이 없는 경우를 이르는 말.

◈ 말 탄 거지.
지위에 맞지 않는 격식을 갖추게 되었다는 뜻.

◈ 망건 쓰자 파장된다.
볼일을 보려 격식을 갖추니 이미 그 일이 끝났다는 말로, 이루고자 하는 일이 되지 않을 때를 이르는 말.

◈ 매도 맞으려다 안 맞으면 서운하다.
좋지 않은 일도 못하게 되면 허전하다는 뜻.

+알기쉬운 쏙쏙 사자성어

맹호출림 (猛虎出林)   용맹하고 성급한 성격의 사람.

◈ 머슴을 살아도 부잣집이 낫다.
  어차피 힘들 바에는 좀 더 나은 환경에서
  고생하는 것이 낫다는 뜻.

◈ 목구멍의 때도 못 씻었다.
  먹은 음식의 양이 작았음을 과장되게 이르는 말.

◈ 목구멍이 포도청이다.
  무서운 관청만큼이나 굶는 것이 무섭다는 뜻으로 배고프면
  먹기 위해 목구멍이 시키는 대로 한다는 뜻.

◈ 못 먹는 잔치에 갓만 부순다.
  겉치레만 있는 일에 휘말려 이득은 없이
  손해만 본다는 뜻.

◈ 물독에 빠진 생쥐 같다.
  어떤 사람의 행색이 마르고 초라한
  때를 이르는 말.

◈ 물에 빠지면 지푸라기라도 잡는다.
  사람이 다급한 상황에 놓이면 큰 도움이 되지 않는
  것에 까지 의지하려 한다는 뜻.

◈ 물에 빠져죽을 팔자면 접시 물에도 빠져 죽는다.

+알기쉬운 쏙쏙 사자성어

마두출령 (馬頭出令) 갑자기 내리는 명령.

어이없이 큰 해를 입게 되었다는 뜻.

◈ 믿는 나무에 곰이 피었다.
믿는 일이나 사람에게 배신당했을
때를 이르는 말.

◈ 바늘구멍으로 황소바람 들어온다.
너무 추울 때는 아주 작은 틈으로 들어오는 바람도 센
바람처럼 느껴진다는 뜻.

◈ 바람 앞의 등불.
작은 바람에도 꺼질 만큼 기세가 몹시 약하다는 뜻.

◈ 발등에 불이 떨어졌다.
일이 몹시 급하게 되었다는 뜻.

◈ 밥 빌어다가 죽을 쑤어 먹을 놈.
게으르고 어리석은 사람을 이르는 말.

◈ 벙어리 냉가슴 앓듯 한다.
사람들에게 말할 수 없는 자기만의 곤란한 사정이 있는
경우를 이르는 말.

◈ 복 없는 여자가 봉놋방에 가 누워도 고자 곁에 눕는다.
지독하게 운이 따르지 않는 경우를 이르는 말.

+알기쉬운 쏙쏙 사자성어

마부작침 (磨斧作針)

도끼를 갈아 바늘을 만든다는 뜻.

◈ 부처 공양 말고 배고픈 사람 먹여주라.
먼 곳 걱정하지 말고 가까운 곳을 걱정하라는 뜻.

◈ 빌어먹을 놈이 콩밥을 마다할까.
아쉬운 사람은 이것저것 가릴 겨를이 없다는 뜻.

◈ 사서 고생 한다.
공연히 일을 벌여 힘들게 되었다는 뜻.

◈ 사시나무 떨듯 한다.
나뭇잎이 바람에 날리듯 바르르 떠는
모양을 뜻하는 말.

◈ 사흘 굶어 담 넘지 않는 놈 없다.
아무리 곧은 사람도 사흘 굶주리면 못된 짓도
서슴지 않는다는 뜻.

◈ 산 개가 죽은 정승 보다 낫다.
아무리 비천한 삶을 살아도 죽는
것보다는 낫다는 뜻.

◈ 산 밖에 난 범이요, 물 밖에 난 고기.
자기 능력을 발휘할 수 있는 환경에서 벗어나 사정이
좋지 않게 되었다는 뜻.

+알기쉬운 쏙쏙 사자성어

미풍양속(美風良俗) 아름답고 좋은 풍속.

◈ 산 사람의 목구멍에 거미줄 치랴.
   아무리 가난해도 먹고 살 길은 있다는 뜻.
◈ 산에 들어가 호랑이를 피한다.
   위험을 피해 오히려 더 위험한 곳으로 간다는 뜻.
◈ 산은 오를수록 높고 물은 건널수록 깊다.
   힘든 일은 할수록 더 힘들어진다는 뜻.
◈ 살얼음을 밟는 것 같다.
   조심스러운 마음이 물에 빠질 듯 불안하다는 뜻.
◈ 세월이 약이다.
   괴롭고 힘든 시절도 시간이 지나면 자연히 잊힌다는 뜻.
◈ 소 갈 데, 말 갈 데 가리지 않는다.
   어디든 가리지 않고 간다는 뜻으로 살기위해
   무슨 일이든 한다는 말.
◈ 쇠똥에 미끄러져 개똥에 코 박은 셈이다.
   좋지 않은 일이 거푸 생기는 경우를 이르는 말.
◈ 수염의 불끄기.
   어떤 일을 서둘러 급히 한다는 뜻.
◈ 숨다 보니 포도청이라.

+알기쉬운 쏙쏙 사자성어

반포지효(反哺之孝)   자식이 자라서 부모를 봉양함

위기를 피한다고 한 일이 도리어 더 큰 화를 불러들였을 때를 이르는 말.

◈ 시장이 반찬이다.
배가 고프면 어떤 음식도 맛이 좋다는 뜻.

◈ 쌀광에서 인심 난다.
가진 것이 많아야 베풀 수도 있다는 뜻.

◈ 쌈지 돈이 주머닛돈.
가진 것이 없는 가족은 그중 한 사람의 물건이나 재산이 가족 모두의 것이라는 뜻.

◈ 양반은 물에 빠져도 개헤엄은 안 한다.
지조 있는 사람은 곤란에 빠져도 추한 모습을 보이지 않는다는 뜻.

◈ 양반은 죽어도 짚불은 안 쬔다.
지위가 있는 사람은 곤란해도 격에 맞는 도움이 아니면 외면한다는 뜻.

◈ 업으나 지나.
어떤 일을 해결하는데 좋은 방법이 없이 마찬가지라는 뜻.

+알기쉬운 쏙쏙 사자성어

배은망덕(背恩忘德)   은혜를 잊고 도리어 배반함.

◆ 없는 놈은 못 먹어 병나고, 있는 놈은 너무 먹어 병난다.
　세상의 불공평을 푸념하는 뜻.

◆ 엎어진 둥지에는 성한 알이 없다.
　큰 틀이 잘못되면 작은 부분이 옳게
　될 리가 없다는 뜻.

◆ 엎지른 물.
　돌이킬 수 없는 일을 가리키는 뜻.

◆ 엎친 데 덮친다.
　불행이 거푸 일어날 때를 이르는 말.

◆ 열두 가지 재주 가진 놈, 저녁거리가 없다.
　재주가 많으면 그 재주 때문에 고생을 한다는 말.

◆ 오라는 데는 없어도 갈 데는 많다.
　누가 오라고 할 만큼의 재주는 없지만 어디든 갈 수
　있는 재주는 가지고 있다는 뜻.

◆ 오르막이 있으면 내리막도 있다.
　일이 번창하는 때가 있으면 쇠락하는 때도 있다는 뜻.

◆ 우물에 가서 숭늉 찾는다.
　성미가 너무 급하여 참지 못함을 이르는 말

+알기쉬운 쏙쏙 사자성어

백골난망(白骨難忘)　죽어서 백골이 되어도 잊을 수 없음.

◆ 울며 겨자 먹기.
  하기 싫은 일을 억지로 한다는 뜻.
◆ 울지 않는 아이 젓 주냐.
  보채고 조르고 해야 얻기가 쉬움을 이룬다는 뜻.
◆ 의식이 풍족한 다음에야 예절을 차리게 된다.
  먹고 사는 일이 넉넉해야 사람의 도리를 갖출 수 있다는 뜻.
◆ 이 설움 저 설움 해도 배고픈 설움이 제일이다.
  아무리 괴로운 일이 많아도 배고픈 고통만 하지 못하다는 뜻.
◆ 입에 거미줄 친다.
  몹시 가난하여 먹는 것조차 곤란하다는 뜻을 과장되게 이르는 말.
◆ 입에 풀칠을 하다.
  제대로 먹지 못하고 겨우 살아가고 있다는 뜻.
◆ 자는 호랑이 불침 놓기.
  공연히 화를 불러들인다는 뜻.
◆ 자다가 벼락을 맞는다.
  뜻하지 않게 갑작스런 화를 당했다는 뜻.
◆ 재수 없는 놈은 뒤로 넘어져도 코가 깨진다.
  운이 없으면 어떤 일을 해도 손해를 본다는 뜻.

+알기쉬운 쏙쏙 사자성어

백년가약(百年佳約)

젊은 남녀가 결혼하여 한평생을 아름답게 지내자는 언약.

◆ 절이 망하려니까 새우젓 장수가 들어온다.
  일이 잘 되지 않으려니까 전혀 도움이 되지 않는 일만 생긴다는 뜻.
◆ 제 코가 석 자나 빠졌다.
  자신의 처지가 곤란하여 남 돌볼 겨를이 없다는 뜻.
◆ 죄 지은 놈 옆에 있다가 벼락 맞는다.
  좋지 않은 사람과 어울리다가 억울하게 누명을 쓴다는 말.
◆ 죽기는 섧지 않으나 늙기가 섧다.
  죽는 것보다 늙는 것이 더 서럽다는 뜻.
◆ 죽기는 정승하기보다 어렵다.
  죽는 것은 매우 어려운 일이라는 뜻.
◆ 죽도 밥도 안 된다.
  일이 진행되다가 이리저리 엉켜 쓸모없이 되어버렸다는 뜻.
◆ 죽어서 석 잔 술이 살아 한 잔 술만 못하다.
  죽어 극진히 대접받는 것보다 하찮아도 살아서 받는 대접이 낫다는 뜻.
◆ 죽이 끓는지 밥이 끓는지 모른다.

+알기쉬운 쏙쏙 사자성어

백년대계(百年大計)   백 년까지 갈 큰 계획.

일이 어떻게 되어 돌아가는지 알 수가 없다는 뜻.
◈ 쥐구멍에도 볕들 날이 있다.
아무리 누추하게 살아도 언젠가는 좋은 때가 생긴다는 뜻.
◈ 집도 절도 없다.
가진 것 없이 여기저기 떠돌아다니는 사람을 뜻하는 말.
◈ 집 태우고 바늘 집는다.
어리석게 큰 손해를 보면서 작은 것을 아끼려 한다는 뜻.
◈ 찬밥에 국 젖는 줄 모른다.
가난한 살림에 익숙해지면 불편함도 모른다는 뜻.
◈ 청승은 늘어 가고 팔자는 오그라진다.
사람이 나이가 들면 들수록 추레하고 옹색해진다는 뜻.
◈ 초상집 개 같다.
어디 한 곳 있을 데가 없어 굶주리고 초라한 모양을 한 사람을 이르는 말.
◈ 칼날 위에 섰다.
아주 위험한 상태에 이르렀다는 뜻.
◈ 털 뜯은 꿩.
행색이 초라하고 우습게 되었다는 뜻.

+알기쉬운 쏙쏙 사자성어

백절불굴(百折不屈)　　백 번 꺾어도 굽히지 않음

◈ 팔이 들이굽지 내굽나.
어떤 일이 생기면 가까운 사람을 먼저 챙기기
마련이라는 뜻.

◈ 평지에서 낙상한다.
운이 없을 때는 아무런 위험이 없는 곳에서도 다친다는 뜻.

◈ 푸줏간에 든 소.
이리저리 곤란한 지경에 이르러 벗어나지 못하게 된
경우를 이르는 말.

◈ 풍년 거지 더 섧다.
모두가 풍요로울 때 저만 가난하면 더욱 서럽다는 뜻.

◈ 피죽도 못 먹었다.
거친 음식조차 먹지 못한 몹시 딱한 경우를 이르는 말.

◈ 하늘로 올라가랴, 땅 속으로 들어가랴.
꼼짝달싹 할 수 없게 되었다는 뜻.

◈ 하늘의 별 따기.
어떤 일을 하기에 몹시 어렵다는 뜻.

◈ 하늘이 무너지고 땅이 갈라진다.
마음의 상심이나 근심이 몹시 큰 경우를 뜻하는 말.

+알기쉬운 쏙쏙 사자성어

불문곡직(不問曲直) 옳고 그름을 가리지 않고 함부로 일을 처리함

◈ 하루 굶은 것은 몰라도 헐벗은 것은 안다.
사람들이 굶은 것은 눈치 채지 못해도 옷차림은 금세 알아챈다는 뜻.

◈ 한강에 돌 던지기.
아무리 노력해도 표시가 나지 않는다는 말.

◈ 호랑이가 고슴도치를 놓고 하품만 한다.
이러지도 저러지도 못하는 경우를 이르는 말.

◈ 혹 떼러 갔다 혹 붙이고 온다.
도움을 청하러 갔다가 오히려 걱정거리만 더 생겼다는 뜻.

◈ 홍시 먹다가 이 빠진다.
쉽게 여기다가 화를 입는다는 뜻.

◈ 화가 복이 된다.
좋지 않은 일이 나중에 도리어 도움이 된다는 뜻.

+알기쉬운 쏙쏙 사자성어

불철주야(不撤晝夜) 밤낮을 가리지 않음.

경험과 습관
참새가 방앗간을
그냥 지나랴

◈ 가랑비에 옷 젖는 줄 모른다.
대수롭지 않게 여긴 사소한 습관이나 버릇이 결국 나중에 큰 손해를 끼치는 경우에 쓰는 속담.

◈ 가물 때는 배를 사두고 장마 때는 수레를 사두어야 한다.
당장은 쓸모없이 보여도 미래를 보고 일해야 좋은 결과를 얻을 수 있다는 뜻.

◈ 개가 똥을 마다하겠다.
늘 하던 버릇은 고치기 힘들다는 뜻.

◈ 개 뒤를 따라가면 뒷간으로 가게 된다.
나쁜 친구를 사귀면 나쁜 일에 휘말린다는 뜻.

◈ 개미가 거동하면 비가 온다.
작은 기미를 보고 큰일을 예측한다는 뜻.

◈ 건드리지 않은 벌이 쏠까?
남에게 해를 끼치지 않으면 나도 해를 입지 않는다는 뜻.

◈ 겁 많은 개가 큰 소리로 짖는다.
겁이 많은 사람이 오히려 소란스럽다는 뜻.

◈ 고양이가 달걀 굴리듯 한다.

+알기쉬운 쏙쏙 사자성어

비일비재(非一非再)   한두 번이 아님.

어떤 일을 아주 능숙하게 할 때를 이르는 말.

◈ 구관이 명관이다.
어떤 일에 경험이나 지식이 풍부한 사람이 더 잘하기 마련이라는 뜻.

◈ 귀가 보배다.
말하는 것보다 잘 듣는 것이 중요하다는 뜻.

◈ 귀엽게 키운 자식에 효자 없다.
어려움 없이 자란 사람은 다른 사람의 어려움을 알지 못한다는 뜻.

◈ 귀한 자식 매 한 대 더 때리고, 미운 자식 떡 한 개 더 준다.
귀한 자식일수록 엄히 가르쳐야 하고 미운 자식일수록 더 자상히 대해야 한다는 뜻.

◈ 급히 더운 방이 쉬 식는다.
금세 이루어진 일은 오래가지 못한다는 뜻.

◈ 기둥을 치면 대들보가 울린다.
직접 말하지 않아도 관련된 사람에게 말하면 자연히 당사자가 알게 된다는 뜻.

+알기쉬운 쏙쏙 사자성어

비몽사몽(非夢似夢)
꿈인지 생시인지 어렴풋한 상태.

◈ 길고 짧은 것은 대어 보아야 한다.
어느 것이 더 낫고 잘하는지는 겨루어봐야 안다는 뜻.

◈ 길이 아니면 가지를 말고 말이 아니면 듣지를 말라.
순리에 따르는 옳은 길이 아니면 따르지 말라는 뜻.

◈ 깊고 얕은 것은 물을 건너 봐야 한다.
무슨 일이든 직접 겪어봐야 알 수 있다는 뜻.

◈ 나그네 귀는 석 자라.
곤란한 처지의 사람은 모든 면에서 예민하다는 뜻.

◈ 나이 젊은 딸이 먼저 시집간다.
사회에서는 젊은 사람이 더 우대받는다는 뜻.

◈ 낙숫물은 떨어지던 곳에 또 떨어진다.
한 번 들인 습관이나 잘못은 고치기 힘들다는 뜻.

◈ 남의 속에 있는 글도 배운다.
배움이란 글로만 하는 것이 아니라는 뜻.

◈ 높은 자리에 있을 때 인심 얻으랬다.

+알기쉬운 쏙쏙 사자성어

사면초가(四面楚歌) 사방이 적에게 둘러싸임.
도움이 없이 고립됨.

형편이 좋을 때 좋은 일을 많이 하라는 뜻.

◈ 눈치가 빠르면 절에 가서도 젓갈을 얻어먹는다.
눈치가 빠르면 어떤 상황에서도 좋은 결과를
얻을 수 있다는 뜻.

◈ 단맛 쓴맛 다 보았다.
세상의 즐거움과 괴로움을 다 겪었다는 말.

◈ 대천 바다도 건너 봐야 안다.
어떤 일이든 겪어봐야 안다는 뜻.

◈ 떡 본 김에 제사 지낸다.
좋은 물건이나 일을 보고 마침 해야
할 일을 해치운다는 뜻.

◈ 말은 보태고 떡은 뗀다.
말은 옮겨갈수록 점점 더해지고 음식은 옮겨갈수록
점점 줄어든다는 뜻.

◈ 말은 타 봐야 알고, 사람은 사귀어 봐야 안다.
사람과 사물은 겪어봐야 어떤지 알 수 있다는 뜻.

◈ 말이 씨가 된다.
말은 그 사람의 생각을 반영하기 때문에 자주 쓰는 말이

+알기쉬운 쏙쏙 사자성어

사분오열(四分五裂)

여러 쪽으로 찢어짐.
어지럽게 분열됨.

결과에 큰 영향을 준다는 뜻.

◈ 매도 먼저 맞는 놈이 낫다.
겪어야 할 일이라면 먼저 겪는 것이 낫다는 뜻.

◈ 물은 건너 봐야 알고 사람은 지내 봐야 안다.
사물과 사람은 겪어봐야 그 본모습을
알 수 있다는 뜻.

◈ 불에 놀란 놈이 부지깽이만 봐도 놀란다.
어떤 일에 크게 놀란 사람은 그와 관계있는 것만
보아도 지레 겁먹는다는 뜻.

◈ 산전수전 다 겪었다.
세상의 온갖 어려움을 다 겪었다는 뜻.

◈ 서당 개 삼 년이면 풍월을 읊는다.
아무리 모르는 사람도 오래 겪으면
자연히 알게 된다는 뜻.

◈ 세 살 적 버릇이 여든까지 간다.
어릴 적 습관이 평생을 간다는 뜻.

◈ 소금 먹은 놈이 물 들이켠다.
일의 결과를 보면 누가 그랬는지 알 수 있다는 뜻.

+알기쉬운 쏙쏙 사자성어

사상누각(砂上樓閣)

기초가 약하여 오래 가지 못할 일.
실현 불가능한 일.

◈ 십년이면 강산도 변한다.
  십년의 세월이 흘러도 세상에 변하지
  않는 것은 없다는 뜻.
◈ 아침놀 저녁 비요, 저녁놀 아침 비라.
  아침노을이 비추면 저녁에 비가 오고 저녁노을이 비추면
  아침에 비가 온다는 말.
◈ 오뉴월 하루 볕이 무섭다.
  여름 하루의 햇볕이 큰 차이를 만든다는 뜻으로 한 살이라도
  나이든 사람이 더 어른스럽다는 뜻.
◈ 이에 신물이 돈다.
  하도 많이 겪어서 싫증이 난다는 뜻으로, 주로 먹는 것에
  사용하는 말.
◈ 윗물이 맑아야 아래말도 맑다.
  위 사람의 행실이 맑아야 아랫사람도 행실이 따라
  깨끗해진다는 뜻
◈ 자라 보고 놀란 가슴, 솥뚜껑 보고도 놀란다.
  어떤 일에 봉변을 당한 사람은 비슷한 경우만 봐도
  지레 겁을 낸다는 뜻.
◈ 제 버릇 개 줄까.

+알기쉬운 쏙쏙 사자성어

산전수전(山戰水戰)　　세상일에 경험이 많음.

몸에 밴 습관은 좀처럼 바꾸기 힘들다는 뜻.

◈ 좋지 않은 책은 없는 것만 못하다.
나쁜 책은 읽지 않는 것이 좋다는 뜻.

◈ 집에서 새는 바가지 들에 가도 샌다.
집안에서 못된 행실을 가진 사람은 밖에 나가도 마찬가지라는 뜻.

◈ 참새가 방앗간을 그냥 지나랴.
좋아하는 일은 그냥 지나치지 못한다는 뜻.

◈ 콩으로 메주를 쑨다 해도 곧이듣지 않는다.
하도 속아서 진실을 말해도 믿기 어렵다는 뜻.

◈ 콩을 팥이라 해도 곧이듣는다.
믿을 수 있는 사람의 말이라면 거짓이라도 믿는다는 뜻.

◈ 키 크고 싱겁지 않은 사람 없다.
키 큰 사람이 실속이 없다는 뜻.

◈ 털어서 먼지 안 나는 사람 없다.
작은 흠조차 없는 사람은 없다는 뜻.

◈ 풀 없는 밭 없다.
어디에나 좋지 않은 사람은 꼭 있다는 뜻.

+알기쉬운 쏙쏙 사자성어

살신성인(殺身成仁)

목숨을 던져 어진 일을 이룸.

◈ 하나를 보면 열을 안다.
　작은 일을 하는 모양을 보면 큰일을 어떻게 하는지 알 수 있다는 뜻.

◈ 하루 물림이 열흘 간다.
　일을 미루면 계속 늦어지기 마련이라는 뜻.

◈ 한 가지로 열 가지를 안다.
　한 가지 행실만으로도 그 사람의 품성을 알 수 있다는 뜻.

◈ 한 번 걷어챈 돌에 두 번 다시 채지 않는다.
　한 번 겪은 실수는 두 번 다시 하지 않는다는 뜻.

◈ 한 번 실수는 병가의 상사.
　한 번의 실수는 오히려 훗날 도움이 된다는 뜻.

◈ 할 말은 해야 하고, 참을 말은 참아야 한다.
　옳은 말은 해야 하고 옳지 않은 말은 하지 말아야 한다는 뜻.

◈ 형 미칠 아우 없고, 아비 미칠 아들 없다.
　윗사람일수록 경험이 풍부하여 더 낫다는 뜻.

◈ 효자 집에 효자 난다.
　부모가 평소 옳은 행실을 보여야 자식도 옳은 행동을 따라한다는 뜻.

+알기쉬운 쏙쏙 사자성어

산천초목(山川草木)

산과 물과 나무와 풀이라는 뜻으로, 자연을 일컫는 말.

욕심과 심술
다 된 밥에 재 뿌리기

◈ 가는 날이 장날.
어떤 일을 하려고 하는데 뜻하지 않은 일을 공교롭게 당함을
비유적으로 이르는 말.

◈ 감기 고뿔도 남을 안 준다.
자신의 것이라면 아무리 나쁜 것이라도 남에게 주기
싫어한다는 뜻.

◈ 같은 떡도 남의 것이 커 보인다.
같은 물건이라도 내 것이 아니면 더 좋아 보인다는 뜻.

◈ 개도 먹을 땐 안 때린다.
아무리 하찮고 미워도 먹는 일만큼은 너그럽게 대하라는 뜻.

◈ 개 미워 낙지 산다.
하고 싶은 일도 미워하는 사람 때문에 부러
다른 일을 한다는 뜻.

◈ 개 주자니 아깝고 저 먹자니 싫다.
제가 가지기도 싫지만 남을 주는 것은 더 싫어하는
사람을 비꼬는 말.

◈ 거지가 밥술이나 먹게 되면 거지 밥 한 술 안 준다.
입장이 바뀌면 행동도 바뀌는 사람의

+알기쉬운 쏙쏙 사자성어

시시비비(是是非非)   옳고 그름을 가려서 밝힘.

간사한 마음을 비꼬는 말.

◈ 거지끼리 동냥 바가지 깬다.
　서로 도와야 할 형편의 사람들이 서로 못되게
　헐뜯을 때를 이르는 말.

◈ 검다 희다 말이 없다.
　어떤 일에 아무런 반응이 없다는 뜻.

◈ 고자질쟁이가 먼저 죽는다.
　남을 나쁘게 말하면 말한 사람이
　먼저 해를 입는다는 뜻.

◈ 공것이라면 양잿물도 마신다.
　공짜라면 이것저것 가리지 않고 덤빈다는 뜻.

◈ 기와 한 장 아끼다가 대들보 썩힌다.
　작은 것을 아끼다가 큰 손해를 본다는 뜻.

◈ 까마귀 하루에 열두 마디 울어도 송장 먹는 소리이다.
　좋지 않은 품성을 가진 사람은 아무리 좋은 말을 해도
　결국 제 욕심을 차리는 말이라는 뜻.

◈ 깨소금 맛이다.
　제 입맛에 맞아 아주 좋은 경우를 뜻하는 말로, 주로

+알기쉬운 쏙쏙 사자성어

시종일관(始終一貫)　처음과 끝이 같음. 시종여일(始終如一).

얄미운 사람이 가벼운 화를 당하였을 때 쓰는 말.

◈ 나 먹자니 싫고 남 주자니 아깝다.
  자기에게 필요가 없더라도 다른 사람 주기는 아깝다는 뜻.

◈ 나 못 먹을 밥이라고 재 뿌린다.
  자기에게 이득이 되지 않는다고 남에게 돌아갈 몫까지
  심술을 부린다는 뜻.

◈ 나중에야 산수 갑산을 갈지라도.
  결과가 좋지 않더라도 당장은 하고 싶은
  대로 한다는 뜻.

◈ 남대문 본 사람과 안 본 사람이 다투면 안 본 사람이 이긴다.
  막무가내로 주장하는 사람을 이길 수 없다는 뜻.

◈ 남을 물에 넣으려다 제가 먼저 물에 들어간다.
  남을 곤란에 빠뜨리려다 제가 먼저 곤란에
  처하게 된다는 뜻.

◈ 남의 눈에 눈물 내면 제 눈에는 피눈물이 난다.
  남에게 나쁘게 하면 자신은 더 큰 손해를 당한다는 뜻.

◈ 남의 말이라면 쌍지팡이 짚고 나선다.
  다른 사람의 일에 지나치게 간섭을

+알기쉬운 쏙쏙 사자성어

신출귀몰(神出鬼沒)
자유자재로 출몰하여
변화를 헤아릴 수 없음.

잘하는 사람을 이르는 말.
◈ 남의 밥에 든 콩이 더 굵게 보인다.
　　자기가 가진 것보다 남의 것이 더 좋아 보인다는 뜻.
◈ 남의 짐이 가벼워 보인다.
　　힘들기는 마찬가지지만 다른 사람의 힘든 일이 덜 힘들어 보인다는 뜻.
◈ 남의 집 금송아지가 우리 집 송아지만 못 하다.
　　아무리 남의 것이 좋아도 자기 것이 아니면 아무 소용이 없다는 뜻.
◈ 노루 때린 몽둥이 3년 우린다.
　　작은 약점을 잡아 두고두고 써먹는다는 뜻.
◈ 노루 잡는 사람에게 토끼가 보이나?
　　더 큰 일을 하려는 사람에게는 작은 일이 보이지 않는다는 뜻.
◈ 놀부 심보.
　　마음씀씀이가 고약하고 괴팍한 사람을 이르는 말.

+알기쉬운 쏙쏙 사자성어

심사숙고(深思熟考)　깊이 생각하고 신중을 기하여 곰곰이 생각함.

◆ 늙은 소 콩밭에 간다.
  늙으면 꾀와 욕심이 많아진다는 뜻.
◆ 다 된 밥에 재 뿌리기.
  거의 완성된 일을 망쳐버렸다는 뜻.
◆ 달면 삼키고 쓰면 뱉는다.
  자기에게 이득이 되면 친하게 지내고 이득이 되지 않으면 멀리한다는 뜻.
◆ 닭 잡아먹고 오리발 내놓는다.
  어이없는 방법으로 시치미를 떼는 경우를 이르는 말.
◆ 대감 죽은 데는 안 가도 대감 말 죽은 데는 간다.
  자기에게 직접 필요가 있으면 잘 보이려 노력하지만 필요가 없으면 외면한다는 뜻.
◆ 도둑이 "도둑이야!" 한다.
  잘못한 사람이 오히려 남에게 잘못을 뒤집어씌우듯 뻔뻔하다는 뜻.
◆ 돈만 있으면 귀신도 부릴 수 있다.
  돈이 많으면 세상에 못할 일이 없음을 과장하여 이르는 말.

+알기쉬운 쏙쏙 사자성어

아비규환(阿鼻叫喚)

많은 사람이 고통을 못 이겨 구원을 부르짖는 소리.

◈ 돈에 침 뱉는 놈 없다.
 돈 싫다는 사람 없다는 뜻.

◈ 돈은 많아도 걱정, 적어도 걱정.
 돈은 많으나 적으나 근심거리라는 뜻.

◈ 되는 놈은 나무하다가 산삼 캔다.
 운이 좋은 사람은 하는 일마다 잘된다는 뜻.

◈ 되면 더 되고 싶다.
 일이 성사가 되면 될수록 더 부족함을 느끼는 것이 사람의 마음이라는 뜻.

◈ 두꺼비 파리 잡아먹듯 한다.
 보기에는 느릿느릿하지만 목표한 일은 매우 날래게 행동하는 사람을 뜻하는 말.

◈ 뒷구멍으로 호박씨 깐다.
 보이는 곳에서는 단정하지만 보이지 않는 곳에서 엉큼한 짓을 한다는 뜻.

◈ 등치고 간 꺼내 먹는다.
 위로하는 척하며 오히려 손해를 끼치는 경우를 이르는 말.

+알기쉬운 쏙쏙 사자성어

아전인수(我田引水)   자기에게 이롭게 함.

◆ 뒷간 갈 적 마음 다르고 올 적 마음 다르다.
급할 때의 마음과 급하지 않을 때의
마음이 다르다는 뜻.

◆ 딸은 제 딸이 고와 보이고 곡식은 남의 곡식이 탐스러워 보인다.
딸은 자신의 딸이 더 예뻐 보이기 마련이고 물건은 남의 것이 더 좋게 보이기 마련이라는 뜻.

◆ 때리는 시어미보다 말리는 시누이가 더 밉다.
직접 손해를 끼치는 사람보다 빈정거리며 헐뜯는 사람이 더 밉다는 뜻.

◆ 떡 주무르듯 한다.
제 하고 싶은 대로 한다는 뜻.

◆ 마음은 굴뚝같다.
원하는 마음이 높이 솟은 굴뚝처럼 간절하다는 뜻.

◆ 말고기를 다 먹고, 무슨 냄새가 난다고 한다.
제 욕심을 다 채우고 불평한다는 뜻.

◆ 말 타면 경마 잡히고 싶다.
사람은 원하던 것을 이루면 점점 그

+알기쉬운 쏙쏙 사자성어

악전고투(惡戰苦鬪) 죽을 힘을 다하여 몹시 싸움.

욕심이 커진다는 뜻.

◈ 먹지 못하는 감 찔러나 본다.
　자기가 갖지 못하는 것은 남도 갖지
　못하게 하려 한다는 마음을 뜻하는 말.

◈ 먹는 데는 남이요, 궂은 데는 친척이라.
　좋은 것에는 자기 욕심이 먼저고, 나쁜 것은 함께 나누려는
　심보를 이르는 말.

◈ 먹는 데는 앞장서고 일하는 데는 뒷장 선다.
　자기에게 이득이 되면 빨리 나서고 자기에게 좋지 않은
　일은 하지 않으려는 마음을 이르는 말.

◈ 며느리가 미우면 손자까지 밉다.
　사람이 미워지면 그 사람과 관련된 모든 것이
　싫어진다는 뜻.

◈ 며느리 자라 시어미 되니, 시어미 티 더 한다.
　며느리가 시어머니가 되면 과거에 자기가 한
　일은 잊고 아랫사람에게 더 심하게 대한다는 뜻.

◈ 모기 다리에서 피 뺀다.
　자기의 이득을 위해 하찮은 것까지 챙기는

+알기쉬운 쏙쏙 사자성어

안분지족(安分知足)　분수를 지키고 만족함을 앎.

사람을 이르는 말.
◈ 모기 보고 칼 빼기.
  작은 일을 크게 만들어 소란을 떠는 경우를 이르는 말.

◈ 못난 색시 달밤에 삿갓 쓰고 나선다.
  미운 사람이 자꾸 미운 짓만 한다는 뜻.
◈ 못된 송아지 엉덩이에 뿔난다.
  못된 사람이 더 못난 짓만 한다는 뜻.
◈ 물에 빠진 사람 건져 놓으니까 내 봇짐 달라고 한다.
  도와주었더니 상대방이 오히려 해코지를 하려든다는 뜻.
◈ 물 위에 뜬 기름.
  아무리 노력해도 같이 어울릴 수 없다는 뜻.
◈ 미꾸라지 한 마리가 온 웅덩이를 흐린다.
  못난 사람 하나가 주변사람들에게 많은 손해를 끼친다는 뜻.
◈ 미친 체하고 떡간에 엎드려 잔다.
  알면서도 모르는 척 능청을 떠는 행동을 이르는 말.

+알기쉬운 쏙쏙 사자성어

안빈낙도(安貧樂道)
구차한 중에도 편한 마음으로 도를 즐김.

◈ 미친 개 눈에는 몽둥이만 보인다.
어떤 일에 몰두하면 다른 일도 관련된
일처럼 보인다는 뜻.

◈ 바늘로 찔러도 피 한 방울 나올 데가 없다.
몹시 인색한 사람이나 빈틈이 없는 사람을 이르는 말.

◈ 배지 않은 아이를 자꾸 낳으라 한다.
억지를 부려 요구를 할 때를 이르는 말.

◈ 뱁새가 황새걸음을 걸으면 가랑이가 찢어진다.
분수에 맞지 않는 행동을 하면 오히려
화가 미친다는 뜻.

◈ 벼룩의 간을 내어 먹는다.
아주 적은 이득조차 탐하는 지독한 경우를 이르는 말.

◈ 부엌에 가면 더 먹을까 방에 가면 더 먹을까?
어디가 더 이득이 될까 이리저리 살피는
모양을 뜻하는 말.

◈ 부처를 위하여 불공하나?
남을 위하는 일이 아니라 자신의 이득을 위하는
일이라는 뜻.

+알기쉬운 쏙쏙 사자성어

약방감초(藥房甘草)   무슨 일이나 빠짐없이 끼여듦.

◈ 불난 데 부채질한다.
　화가 난 사람의 화를 더욱 돋운다는 뜻.
◈ 비를 드니 마당을 쓸라 한다.
　어떤 일을 하려고 할 때 공연히 참견하여 기운 빠지게 한다는 뜻.
◈ 빚 주고 뺨 맞는다.
　남의 어려움을 헤아려 사정을 봐주었는데 도리어 해를 끼친다는 뜻.
◈ 사촌이 땅을 사면 배가 아프다.
　남이 잘 되면 배알이 뒤틀린다는 뜻.
◈ 살이 살을 먹고 쇠가 쇠를 먹는다.
　가까이 어울리는 사람끼리 서로 손해를 많이 끼친다는 뜻.
◈ 상가 술로 벗 사귄다.
　남의 물건으로 제 이득을 챙긴다는 뜻.
◈ 손톱 하나 까닥하지 않는다.
　얄밉게 아무런 일도 하지 않으려 한다는 뜻.
◈ 시장한 사람보고 요기시켜 달라고 한다.

+알기쉬운 쏙쏙 사자성어

어부지리(漁父之利)　둘이 다투는 통에 제삼자가 이익을 봄.

배고픈 사람에게 음식을 달라는 것처럼 어이없는
요구를 한다는 뜻.

◈ 쌍지팡이 짚고 나선다.
아주 심하게 반대를 한다는 뜻.

◈ 안 되면 조상 탓.
일이 풀리지 않으면 남 탓을 한다는 뜻.

◈ 아이가 가진 떡이다.
약한 상대가 가진 것이라 빼앗기 쉽다는 뜻.

◈ '아저씨, 아저씨'하면서 떡짐만 지운다.
겉으로는 대접하는 척하며 사람을 부린다는 뜻.

◈ 아주머니 술도 싸야사 먹지.
어렵고 가까운 사이일지라도 제 이익이
먼저라는 뜻.

◈ 악으로 모은 살림 악으로 망한다.
모질게 모은 재산은 모진 습관 때문에
잃게 된다는 뜻.

◈ 안 벽 치고 겉 벽 친다.
여기 저기 오가며 사람 사이를 이간질하는

+알기쉬운 쏙쏙 사자성어

어불성설(語不成說)   말이 이치에 맞지 않음.

때를 이르는 말.

◈ 앉은 자리 풀도 안 나겠다.
  인정이 메마른 사람을 이르는 말.

◈ 앞에서 꼬리 치는 개가 나중에 발꿈치 문다.
  앞에서 아부하는 사람이 뒤에 가서 험담을 한다는 뜻.

◈ 어르고 뺨치기.
  위로하는 척하며 손해를 끼친다는 뜻.

◈ 염불에는 마음이 없고 잿밥에만 마음이 있다.
  정작 해야 할 일에는 관심이 없고, 그로 인해 생길 이득에만 관심이 있다는 뜻.

◈ 엿장수 마음대로 한다.
  결정권을 가진 사람이 제 마음대로 한다는 뜻.

◈ 외상이면 소도 잡아먹는다.
  당장 대가를 치르지 않는 일이면 무엇이든 하려고 덤빈다는 뜻.

◈ 은혜를 원수로 갚는다.
  은혜를 보답하지는 않고 오히려 해를 끼친다는 뜻.

+알기쉬운 쏙쏙 사자성어

여필종부(女必從夫)   아내는 반드시 남편에게 순종해야 함.

◈ 이마에 송곳을 박아도 진물 한 점 안 난다.
　인정이 야박하여 조금의 손해도 보지 않으려는 사람을 이르는 말.

◈ 이 아픈 날 콩밥 한다.
　다른 사람의 힘든 사정을 헤아리지 않고 오히려 괴롭힌다는 뜻.

◈ 익은 밥 먹고 선소리 한다.
　제 이득이 되는 것은 모두 챙기면서 푸념을 한다는 뜻.

◈ 일에는 굼벵이요, 먹는 데는 감돌이.
　해야 할 일에는 느리지만 먹는 것을 챙길 때는 재빠른 얌체같은 사람을 이르는 말.

◈ 자식은 내 자식이 커 보이고, 벼는 남의 벼가 커 보인다.
　사람은 제 자식이 예뻐 보이고 물건은 남의 것이 더 좋아 보인다는 뜻.

◈ 작게 먹고 가는 똥 누지.
　제 분수에 맞게 살라는 뜻.

◈ 잘 되면 제 탓, 못 되면 조상 탓.
　좋은 일은 제가 한 것이고 잘못된 일은 남 탓으로

+알기쉬운 쏙쏙 사자성어

역지사지(易地思之)　처지를 바꾸어 생각함.

돌리는 간사한 마음을 이르는 말.

◈ 제가 기른 개에게 발꿈치를 물린다.
믿고 은혜를 베푼 사람이 배신하여
해를 끼쳤다는 뜻.

◈ 제 논에만 물 대기.
다른 사람은 배려하지 않고 이기적인
행동을 한다는 뜻.

◈ 자루 베는 칼이 없다.
스스로 자신에게 손해를 끼치는 사람은 없다는 뜻.

◈ 종로에서 뺨 맞고 한강에서 눈 흘긴다.
엉뚱한 곳에서 화풀이를 한다는 뜻.

◈ 좋은 일은 남이요, 궂은일에는 일가라.
좋은 일이 생기면 아는 척도 하지 않다가 나쁜 일이
생기면 가족들을 찾는다는 뜻.

◈ 쥐었다 폈다 한다.
자기 마음대로 대한다는 뜻.

◈ 집안 귀신이 사람 잡아 간다.
가까운 사람에게 손해를 입었다는 말.

+알기쉬운 쏙쏙 사자성어

오매불망(寤寐不忘) 늘 잊지 못함.

◈ 처삼촌 무덤에 벌초하듯 한다.
어떤 일을 건성으로 한다는 뜻.
◈ 참새가 죽어도 짹 한다.
아무리 약한 자라도 너무 괴롭히면 반항한다는 뜻
◈ 초가삼간이 다 타도 빈대 죽는 것만 시원하다.
큰 손해를 보면서도 자기가 미워하던 일이 없어지면 속이 시원하다는 뜻.
◈ 콧방귀만 뀐다.
다른 사람의 말을 비웃기만 하고 대꾸를 하지 않는다는 말.
◈ 콩 심어라, 팥 심어라 한다.
지나치게 간섭을 한다는 뜻.
◈ 콩이야 팥이야 한다.
사소한 일로 시비를 한다는 뜻.
◈ 토끼 둘을 잡으려다 하나도 못 잡는다.
욕심을 부리다 한 가지도 취하지 못한다는 뜻.
◈ 피는 곡식 이삭 빼기.
막 피어나는 사람이나 일을 매몰차게

+알기쉬운 쏙쏙 사자성어

오비이락(烏飛梨落) 일이 공교롭게 같이 일어나 남의 의심을 받게 됨.

없애버린다는 뜻.
◆ 한 되 주고 한 섬 받는다.
줄 때는 조금 주고, 받을 때는 많이 받는다는 뜻.
◆ 한 부모는 열 자식을 거느려도 열 자식은 한 부모를 못 모신다.
부모의 깊은 정은 자식이 따라하지 못한다는 뜻.
◆ 한 입으로 두 말 한다.
자꾸만 말을 바꾼다는 뜻.
◆ 한 섬 빼앗아 백 섬 채운다.
많이 가진 사람의 욕심이 더 크다는 뜻.
◆ 한 푼 돈에 살인난다.
아주 작은 것이지만 그 때문에 인심이 야박해질 수도 있다는 뜻.
◆ 한 푼 아끼려다 백 냥 잃는다.
작은 것을 아끼려다 큰 손해를 본다는 뜻.
◆ 호박에 말뚝 받기.
남의 잘 되는 일을 망쳤다는 뜻.
◆ 화나면 보리방아 더 잘 찧는다.
사람이 화가 나면 화풀이 대상으로 일을 더 잘한다는 뜻.

+알기쉬운 쏙쏙 사자성어

왈가왈부(曰可曰否)
어떤 일에 옳거니 그르거니 하고 말함.

이해와 깨우침
가는 정이 있어야
오는 정이 있다

◈ 가는 말에 채찍질.
  부지런하고 성실한 사람에게 더 잘하라는 뜻

◈ 가까운 이웃이 먼 친척보다 낫다.
  이웃과 자주 오가며 서로 친하게 지내면 멀리 떨어져 있어도
  자주 만나지 않는 친척보다 더 정이 깊어진다는 뜻.

◈ 가는 말이 고와야 오는 말이 곱다.
  내가 먼저 다른 이에게 예의바르게 행동해야 상대방도
  내게 예의바르게 행동한다는 뜻.

◈ 가는 방망이 오는 홍두깨.
  비록 작더라도 남을 해치면 나는 더 큰
  화를 입는다는 뜻.

◈ 가는 정이 있어야 오는 정이 있다.
  다른 사람에게 좋게 대하면 상대방도 내게 좋게
  대한다는 뜻.

◈ 가려운 곳을 긁어 주듯.
  도움이 꼭 필요한 부분에 알맞게 도움을 준다는 뜻.

◈ 가죽이 있어야 털이 나지.
  무언가 시작하려면 최소한의 바탕은 있어야 한다는 뜻.

+알기쉬운 쏙쏙 사자성어

요지부동(搖之不動) 흔들어도 꼼짝 않음.

◈ 강 건너 불 보듯 한다.
자신과 아무런 관련이 없는 다른 사람의 일처럼 무관심한 경우에 쓰는 속담.

◈ 게도 제 새끼보고는 바로 걸으라고 한다.
아무리 부모가 못된 사람이라도 자식에게는 바르게 가르치려 한다는 뜻.

◈ 겨 먹던 개 쌀까지 먹는다.
사소한 잘못을 용납하면 나중에 큰 잘못을 저지른다는 뜻.

◈ 겨울이 되어야 송백의 절개를 알게 된다.
사람의 절개는 곤경에 처해야 나타난다는 뜻.

◈ 겨울이 지나지 않고 봄이 오랴.
모든 일은 순서가 있는 것이라 순서를 빼먹을 수는 없다는 뜻.

◈ 고운 사람 미운 데 없고 미운 사람 고운 데 없다.
사람을 좋게 생각하면 나쁜 구석이 보이지 않고, 나쁘게 생각하면 좋은 구석이 보이지 않는다는 뜻.

◈ 공작은 깃을 아끼고 범은 발톱을 아낀다.

+알기쉬운 쏙쏙 사자성어

용두사미(龍頭蛇尾)   시작이 좋고 나중은 나쁨.

각자 자랑할 만한 것은 소중히 여겨야
한다는 뜻.
◈ 꽃이 좋아야 나비가 모인다.
보이는 것이 화려하고 좋아야 관심을
끌 수 있다는 뜻.
◈ 과부 사정은 친구 과부가 안다.
사람의 어려움은 같은 처지에 놓인
사람이 잘 안다는 뜻.
◈ 구멍은 깎을수록 커진다.
몰래 허물을 덮으려고 할수록 더 큰 허물을
만든다는 뜻.
◈ 궁지에 몰리면 쥐도 고양이를 문다.
생명의 위협을 느끼면 아무리 강한 상대라도 죽기 살기로
덤빈다는 뜻. 필요 이상의 위협은 도움이 되지 않는다는 뜻.
◈ 귀는 크게 열고 입은 작게 열랬다.
많이 듣고 적게 이야기하는 것이 세상사에
도움이 된다는 뜻.

+알기쉬운 쏙쏙 사자성어

우왕좌왕(右往左往) 이랬다 저랬다 갈팡거림.

◈ 그 아비에 그 자식이라.
부모의 됨됨이를 보면 자식의 됨됨이를
알 수 있다는 뜻.

◈ 급하더라도 바늘허리에 실을 꿸까?
아무리 급한 일이라도 순서를 지켜야 한다는 뜻.

◈ 기는 놈 위에 나는 놈이 있다.
아무리 재주가 좋아도 그보다 더한 재주를 가진
사람이 있다는 뜻.

◈ 나간 사람 몫은 있어도 자는 사람 몫은 없다.
바쁜 사람의 몫은 있어도 일하지 않는
사람의 몫은 없다는 뜻.

◈ 나갔던 며느리 효도한다.
잘못을 저지르고 뉘우친 사람이 더
잘할 때 쓰는 말.

◈ 남의 욕을 내 앞에서 하는 사람은 내 욕도 남에게 한다.
다른 사람의 흉을 잘 보는 사람은 내 흉도 다른
사람에게 잘하기 마련이라는 뜻.

◈ 남의 자식 흉보지 말고 내 자식 가르쳐라.

+알기쉬운 쏙쏙 사자성어

우유부단(優柔不斷) 어물어물하며 딱 잘라서
결단을 내리지 못함.

다른 사람의 허물을 꼬집기 전에 내 주변의 허물부터
잘 단속하라는 뜻.

◆ 남의 일에 발 벗고 나선다.
다른 사람의 일을 자기 일처럼 나서서 돕는다는 뜻.

◆ 내 말은 남이 하고 남 말을 내가 한다.
누구나 남의 말을 하기 좋아한다는 뜻.

◆ 내가 할 말을 사돈이 한다.
누구든 공감하는 말이라는 뜻.

◆ 내 딸이 고와야 사위를 고른다.
자기가 갖춘 것이 있어야 남에게 자랑도
할 수 있다는 뜻.

◆ 내 몸이 높아지면 아래를 살펴야 한다.
귀한 대접을 받으려면 아랫사람을 잘
보살펴야한다는 뜻.

◆ 내 배 부르면 종에게 밥 짓지 말라 한다.
남의 처지는 생각지도 않는 경우를 이르는 말.

◆ 네 발 짐승도 넘어질 때가 있다.
아무리 안심이 되는 일도 허술히 넘기지 말고

+알기쉬운 쏙쏙 사자성어

위기일발(危機一髮)   거의 여유가 없는 위급한 순간.

잘 살피라는 뜻.

◈ 누이 좋고 매부 좋다.
어떤 일을 했을 때 여러 사람이 이득을 보게 되는 경우를 이르는 말.

◈ 눈은 뜨고 입은 다물어야 한다.
볼 것은 보고 말은 삼가는 것이 좋다는 뜻.

◈ 늙어 봐야 늙은이 심정을 안다.
어려운 형편은 자신이 겪어봐야 알 수 있다는 뜻.

◈ 늙은이 말 그른 데 없다.
오래 산 노인의 충고는 따르는 것이 좋다는 뜻.

◈ 늙은이도 세 살 먹은 어린아이 말을 귀담아 들어라.
아무리 경험과 지식이 많아도 다른 이의 말을 허투루 들어서는 안 된다는 뜻.

◈ 단단한 땅에 물이 고인다.
허투루 쓰는 것이 없어야 재산이 모인다는 뜻.

◈ 도둑질도 손발이 맞아야 한다.
어떤 일이라도 함께 하려면 서로 마음이 맞아야 한다는 뜻.

+알기쉬운 쏙쏙 사자성어

의기양양(意氣揚揚) 뜻대로 되어 으쓱거리는 기상이 펄펄함.

◆ 돈 빌려 주고 친구 잃는다.
친구끼리는 돈을 빌려주고 사소한 오해로 우정과 믿음이
깨져서 싸우게 되니 돈 거래를 하지 않는 것이 좋다는 뜻.

◆ 돈은 앉아서 주고 서서 받는다.
돈을 줄 땐 쉬워도 받기는 어렵다는 뜻.

◆ 돌다리도 두드려 보고 건너라.
아무리 믿을 수 있는 일이라도 항상
조심하라는 뜻.

◆ 두 손뼉이 맞아야 소리가 난다.
서로 뜻이 맞아야 일이 성사가 된다는 뜻.

◆ 떡으로 치면 떡으로 치고 돌고 치면 돌로 친다.
은혜는 은혜로 갚고 원수는 원수로 갚는다는 뜻.

◆ 뛰는 놈 위에 나는 놈 있다.
많은 재주가 있다 해도 주의에 너무
자랑하지 말라는 뜻.

◆ 마누라 자랑하지 말아도 병은 자랑하랬다.
아내 자랑은 흠이 되지만 병은 알릴수록
얼른 고친다는 뜻.

+알기쉬운 쏙쏙 사자성어

의미심장(意味深長) 말이나 글의 뜻이 매우 깊음.

◈ 막내둥이 응석 받듯 한다.
  어떤 말썽이 생겨도 불평하지 않고 잘 받아준다는 뜻.
◈ 말속에 가시(뼈)가 있다.
  말은 보이지 않지만 그 내용 속에 예사롭지 않은 뜻이 있다는 말.
◈ 말이 많으면 실언이 많다.
  말은 많이 할수록 남의 마음을 상하게 하거나 쓸모없는 말을 하기 마련이라는 뜻.
◈ 말이 말을 만든다.
  말은 여러 사람에게 전해질수록 과장된다는 뜻.
◈ 말이 아니면 듣지 말라.
  좋지 않은 말은 듣지 않는 것이 좋다는 뜻.
◈ 맞는 놈은 펴고 자고 때린 놈은 오그리고 잔다.
  괴롭힘을 당하는 사람보다 괴롭히는 사람의 마음이 더 불편하다는 뜻.
◈ 매 끝에 정 든다.
  심하게 야단을 맞은 후에 서로의 입장을 이해하여 정이 든다는 뜻.

+알기쉬운 쏙쏙 사자성어

이구동성(異口同聲)   여러 사람의 말이 서로 같음.

◆ 매도 같이 맞으면 낫다.
   힘든 일도 여럿이 같이 하면 덜 힘들게
   느껴진다는 뜻.
◆ 먼 사촌보다 가까운 이웃이 낫다.
   함께 하지 못하는 가족보다는 함께 하는 가까운
   사람이 더 낫다는 뜻.
◆ 며느리 사랑은 시아버지, 사위 사랑은 장모.
   주로 며느리는 시아버지가 아끼고 사위는
   장모가 아낀다는 뜻.
◆ 무는 말이 있는데 차는 말이 있다.
   남을 괴롭히는 사람은 함께 어울리는 사람도
   비슷하다는 뜻.
◆ 물이 깊어야 고기가 모인다.
   인격과 덕망이 좋아야 다른 사람이 따른다는 뜻.
◆ 물이 아니면 건너지 말고 인정이 아니면 사귀지 말라.
   도리에 맞지 않으면 행동하지 말고 이익을 따지는
   사람과는 사귀지 말라는 뜻.
◆ 미련이 먼저 나고 슬기가 나중에 난다.

+알기쉬운 쏙쏙 사자성어

이심전심(以心傳心) 말을 하지 않더라도
서로 마음이 통하여 앎.

일을 망친 후에야 좋은 방법이 생각나는
때를 이르는 말.

◈ 미운 아이 떡 하나 더 준다.
미운 사람은 더 잘 대해야 사이가 좋아진다는 뜻.

◈ 발 없는 말이 천 리 간다.
소문은 보이지 않게 멀리 퍼진다는 뜻.

◈ 백지장도 맞들면 낫다.
아주 쉬운 일이라도 서로 거들면 더 낫다는 뜻.

◈ 벙어리 속은 그 어미도 모른다.
말을 하지 않으면 그 사람의 속사정은
누구도 알 수 없다는 뜻.

◈ 병신자식이 효도한다.
제 몸이 불편해야 부모의 불편함을 이해한다는 뜻.

◈ 보리 주면 오이 안 주랴.
받는 것이 있으면 주는 것도 있다는 뜻.

◈ 복 중에 건강 복이 제일이라.
신체가 건강한 것이 사람의 가장 큰 복이라는 뜻.

◈ 봄눈 녹듯 한다.

+알기쉬운 쏙쏙 사자성어

인지상정(人之常情) 사람이 누구나 갖는 보통의 인정.

금세 사라진다는 뜻. 주로 얽힌 감정이
풀릴 때 사용.

◈ 부모가 자식을 겉 낳았지 속 낳았나?
부모도 자식의 마음은 알 수 없다는 뜻.

◈ 비는 데는 무쇠도 녹는다.
잘못을 뉘우치고 진심으로 용서를 구하면 아무리 융통성
없는 사람이라도 이해를 하게 된다는 뜻.

◈ 사람이면 다 사람인가? 사람 노릇 해야 사람이지.
사람의 도리를 해야 사람대접을 받는다는 뜻.

◈ 새가 보고 싶거든 나무를 심으랬다.
성공하려면 우선 성공할 환경을 먼저 만들라는 뜻.

◈ 새도 가지를 가려 앉는다.
하찮은 미물도 분별하는 힘이 있으므로, 안목을
길러야 한다는 뜻.

◈ '설마'가 사람 잡는다.
막연한 추측으로 소홀히 하다가 해를 입게 된다는 뜻.

◈ 성인도 시속을 따른다.
아무리 높고 깊은 뜻을 지닌 사람도 외골수로

+알기쉬운 쏙쏙 사자성어

일거양득(一擧兩得)   하나의 행동으로 두 가지 성과를 거둠.

살지 않는다는 뜻.
◈ 성인도 하루에 죽을 말을 세 번 한다.
훌륭한 성인도 말실수를 한다는 뜻.
◈ 세월은 나를 기다려 주지 않는다.
시간은 사람이 조절할 수 없으므로 소중히 여겨야 한다는 뜻.
◈ 소경 보고 눈멀었다 하면 노여워한다.
다른 사람의 약점을 들추면 누구든 싫어한다는 뜻.
◈ 소 닭 보듯.
가까이 지내지만 서로 모른 척한다는 뜻.
◈ 싸움은 말리고 불은 끄랬다.
좋지 않은 일은 하지 못하게 해야 한다는 뜻.
◈ 싸움은 말리고 흥정은 붙이랬다.
나쁜 일은 못하게 하고 좋은 일은 더 잘하게 해야 한다는 뜻.
◈ 아는 것이 힘, 배워야 산다.

+알기쉬운 쏙쏙 사자성어

온고지신(溫故知新)　　옛것을 익혀 새것을 앎.

많이 알아야 잘 산다는 뜻.
◈ 아무 발이나 맞는 신은 없다.
누구와도 마음이 잘 맞는 사람은 없다는 뜻.
◈ 아버지는 똑똑한 자식을 더 사랑하고, 어머니는 못난 자식을 더 사랑한다.
아버지는 성공할 가능성이 있는 자식을, 어머니는 가여운 자식을 더 사랑한다는 뜻.
◈ 아버지는 아들이 더 잘났다고 하면 기뻐하고, 형은 아우가 더 낫다고 하면 노한다.
부모는 자식이 잘 되기를 바라지만 형제는 그렇지 않다는 뜻.
◈ 아이도 사랑하는 데로 붙는다.
사람은 자기를 아껴주는 곳으로 따른다는 뜻.
◈ 아이 자라 어른 된다.
철없는 생각도 시간이 지나면 철이 난다는 뜻.
◈ 안방에 가면 시어머니 말이 옳고, 부엌에 가면 며느리 말이 옳다.

+알기쉬운 쏙쏙 사자성어

일사불란(一絲不亂) 질서가 정연하여 조금도 흐트러지지 않음.

사람 사이의 갈등은 각자 사정이 있는 것이라
옳고 그름을 판단하기 어렵다는 뜻.
◈ 어른 말을 들으면 자다가도 떡이 생긴다.
경험이 많은 어른의 말을 들으면 이롭다는 뜻.
◈ 어미 속 알아 주는 자식 없다.
자식을 위하는 어머니의 마음을 헤아리는
자식이 없다는 뜻.
◈ 열 길 물 속은 알아도 한 길 사람 속은 모른다.
사람의 마음속은 알 수가 없다는 뜻.
◈ 열 번 듣는 것이 한 번 보는 것만 못 하다.
남의 말을 듣는 것보다 직접 보는 것이 낫다는 뜻.
◈ 열 손가락을 깨물어도 안 아픈 손가락 없다.
자식은 부모가 가진 신체의 일부와 같아서 어느
하나 귀하지 않은 자식이 없다는 뜻.
◈ 오는 정이 있어야 가는 정이 있다.
받는 것이 있어야 주는 것도 있다는 뜻.
◈ 오르지 못할 나무는 쳐다보지도 말라.
가능성이 없는 일은 애초부터 하지 말라는 뜻.

+알기쉬운 쏙쏙 사자성어

일사천리(一瀉千里) 조금도 거침없이 빨리 진행됨.

◈ 원숭이도 나무에서 떨어질 때가 있다.
아무리 재주가 뛰어난 사람도 실수할
때가 있다는 말.

◈ 윗물이 맑아야 아랫물도 맑다.
윗사람이 잘 해야지 아랫사람도 잘 한다는 뜻.

◈ 이웃집 개도 부르면 온다.
이웃집 개도 사람 말을 알아듣는데, 사람을 부르는데도
대꾸가 없다는 뜻.

◈ 입은 다물고 눈은 크게 떠야 한다.
말은 적게 하여 실수를 줄이고 보는 것은 더 자세히
봐야한다는 뜻.

◈ 자식 겉 낳지, 속은 못 낳는다.
아무리 부모라도 자식의 마음은 알 수 없다는 뜻.

◈ 제 죄 남 안 준다.
지은 죄는 언젠가 자신이 대가를
치러야 한다는 뜻.

◈ 죽일 놈도 먹이고 죽인다.
아무리 좋지 않은 상황이라도 할 일은

+알기쉬운 쏙쏙 사자성어

일장춘몽(一場春夢)   한바탕 허무한 꿈.

다 해야 한다는 뜻.

◈ 처녀가 아이를 배고도 할 말은 있다.
아무리 큰일을 저질러도 이유가 있다는 뜻.

◈ 품속에 들어온 새는 잡지 않는다.
내 편이 된 사람은 함부로 해치지 않는다는 뜻.

◈ 핑계 없는 무덤이 없다.
무슨 일이든 다 사연이 있다는 뜻.

◈ 하고 싶은 말은 내일 하랬다.
말을 하고 싶을 때는 실수하지 않도록 충분히 생각하고 하라는 뜻.

◈ 한 끼 얻어먹은 은덕도 갚는다.
남이 베푼 은혜는 반드시 갚아야한다는 뜻.

◈ 한 달이 크면 한 달이 작다.
잘 되는 때가 있으면 안 되는 때도 있다는 뜻.

◈ 한치 앞도 모른다.
사람의 운명은 예측할 수 없다는 뜻.

◈ 혀가 깊어도 마음속까지 닿지는 않는다.
말을 아무리 잘해도 마음속까지

+알기쉬운 쏙쏙 사자성어

일촌광음(一寸光陰)　　아주 짧은 시간.

헤아리지는 못한다는 뜻.
◈ 호랑이도 제 새끼는 안 잡아먹는다.
짐승도 분별력이 있으니 사람도 하지 말아야 할 행동은 삼가야 한다는 뜻.

+알기쉬운 쏙쏙 사자성어

일취월장(日就月將)   나날이 향상됨.

쓸모와 가치
작은 고추가 맵다

◈ 가물에 콩 나듯 한다.
  수가 너무 적다는 뜻.
◈ 강물도 쓰면 준다.
  아무리 많아 보여도 아끼지 않으면 없어진다는 뜻.

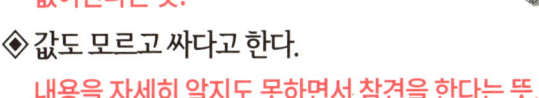

◈ 값도 모르고 싸다고 한다.
  내용을 자세히 알지도 못하면서 참견을 한다는 뜻.
◈ 같은 값이면 다홍치마.
  같은 가치를 가졌더라도 이왕이면 화려하고 예쁜 것을 고른다는 뜻.
◈ 같은 말이라도 '아' 다르고 '어' 다르다.
  같은 뜻을 지녔더라도 설명하는 방법에 따라 좋게 들리는 말과 나쁘게 들리는 말이 있다는 뜻.
◈ 개 꼬리 삼 년 묵어도 황모 되지 않는다.
  바탕이 좋지 않으면 어찌해도 나아지지 않는다는 뜻.
◈ 개 눈에는 똥만 보인다.
  항상 자신이 좋아하는 것만 관심을 가지는 경우를 낮잡아 이르는 말.

+알기쉬운 쏙쏙 사자성어

일확천금(一攫千金) 힘 안 들이고 한꺼번에 많은 재물을 얻음.

◈ 개똥은 똥 아닌가?
  하찮고 쓸데없어 보여도 본질은 같다는 뜻.
◈ 개똥도 약에 쓰려면 없다.
  아무리 보잘 것 없고 흔해 빠진 물건이라도 구하려고 작정하면 보이지 않는다는 뜻.
◈ 개발에 편자.
  처지에 어울리지 않는 허례허식을 낮잡아 이르는 말.
◈ 개살구가 먼저 익는다.
  좋은 일이 생기기 전에 나쁜 일이 먼저 생길 때 쓰는 말.
◈ 개살구도 맛들일 탓.
  아무리 쓸모없는 것이라도 쓰기 나름이라는 말.
◈ 개천에 내다 버릴 종 없다.
  아무리 쓸모없어 보여도 다 쓸데가 있다는 말.
◈ 거미는 작아도 줄만 잘 친다.
  아무리 보잘 것 없는 처지라도 제 노릇을 잘할 때를 이르는 말.

+알기쉬운 쏙쏙 사자성어

입신양명(立身揚名)   출세하여 자기의 이름을 세상에 드날림.

◈ 거지는 모닥불에 살찐다.
   아무리 힘들고 곤란한 형편이라도 나름의
   장점은 있다는 말.
◈ 건넛산 쳐다보기.
   자기와 관련이 없는 일처럼 열중하지
   않는다는 뜻.
◈ 고양이 세수하듯 한다.
   하나마나한 일을 한 경우를 이르는 말.
◈ 고추는 작아도 맵다.
   아주 야무진 일이나 사람을 이르는 말.
◈ 곡식 될 것은 떡잎부터 알아본다.
   훗날 크게 될 사람은 어릴 때부터 남다르다는 뜻.
◈ 곧은 나무는 제목으로 쓰이고, 굽은 나무는 화목으로 쓰인다.
   사물은 제가 타고난 성품과 재능에 따라
   쓰임이 다르다는 뜻.
◈ 광에서 인심 난다.
   여유가 있어야 남에게 베풀 수도 있다는 뜻.
◈ 구멍을 보아 말뚝을 깎는다.

+알기쉬운 쏙쏙 사자성어

자수성가(自手成家) 물려받은 재산 없이 스스로
재산을 모아 살림을 이룸.

어떤 일도 쓰임과 형편을 살펴 준비를
해야 한다는 뜻.

◈ 구슬이 서 말이라도 꿰어야 보배라.
아무리 좋은 사물이나 사람이 있더라도 쓸모를
찾아야만 가치가 있다는 뜻.

◈ 굴러온 호박이다.
아무것도 하지 않았는데 예상 밖의 좋은 일이 생겼을
경우를 뜻하는 말.

◈ 굼벵이도 구르는 재주는 있다.
아무리 보잘 것 없는 사람이라도 재주
한 가지씩은 있다는 말.

◈ 굽은 나무가 선산을 지킨다.
모두가 쓸모없이 여기는 사람이나 물건이
큰 역할을 한다는 뜻.

◈ 꿩 대신 닭이다.
맞는 것이 없으면 비슷한 것으로 대신한다는 뜻.

◈ 꿩 먹고 알 먹고 둥지 헐어 불 땐다.
한 가지 일로 인해 여러 가지 이득을

+알기쉬운 쏙쏙 사자성어

자업자득(自業自得) 자기가 저지른 일의 업을 자기가 받음.

본 때를 이르는 말.

◈ 꿩 잡는 것이 매다.
아무리 재주가 뛰어나도 목적을 먼저
이루는 것이 최고라는 뜻.

◈ 나무는 큰 나무 덕을 못 봐도 사람은 큰 사람의 덕을 본다.
자기만 생각하는 사람에게는 덕을 못 봐도 도량이 넓은
사람에게는 덕을 본다는 뜻.

◈ 남의 돈 천 냥이 내 돈 한 푼만 못하다.
아무리 좋은 것이 많아도 자기가 가진
것만 못하다는 뜻.

◈ 놓친 고기가 더 커 보인다.
자기의 수중에 들어온 것보다 아쉽게 놓친 것을 더
귀하게 여긴다는 뜻.

◈ 단 말은 병이 되고 쓴 말은 약이 된다.
듣기에 좋은 말은 나중에 해가 되고, 듣기에 싫은 말은
나중에 도움이 된다는 뜻.

◈ 독 때문에 쥐를 못 때린다.
어떤 일에 화를 내거나 그만두고 싶어도 더 큰 일을

+알기쉬운 쏙쏙 사자성어

자초지종(自初至終)   처음부터 끝까지의 사정.

망칠까봐 하지 못한다는 뜻.
◈ 돈이 사람을 따라가야지 사람이 돈을 따라가서는 안 된다.
성실해야 돈을 벌지 욕심이 앞서면 돈을
벌지는 못한다는 뜻.
◈ 돈이 제갈량이다.
돈이 많으면 온갖 재주가 다 생긴다는 뜻.
◈ 말이 많으면 쓸 말이 적다.
말은 많이 할수록 실속 있는 말이 적다는 뜻.
◈ 말은 나면 제주도로 보내고, 사람은 나면 서울로 보내라.
각자 자기에게 가장 알맞은 환경 속에서 자라야 좋은
결과를 얻는다는 뜻.
◈ 말은 할수록 늘고 되질은 할수록 준다.
말은 많이 할수록 점점 과장되기 마련이고
물건은 만질수록 점점 줄어든다는 뜻.
◈ 매화도 한철 국화도 한철.
한창 때가 지나면 소용없다는 뜻.
◈ 모난 돌이 정 맞는다.
독특하거나 모난 성격을 가진 사람이 다른 사람의

+알기쉬운 쏙쏙 사자성어

자포자기(自暴自棄) 되는 대로 마구 살며
스스로 자신을 돌아보지 않음.

미움을 받게 된다는 말.

◈ 못 입어 잘난 놈 없고, 잘 입어 못난 놈 없다.
행색이 초라한 사람 치고 잘난 사람 없고, 행색이 좋은 사람 치고 못난 사람 없다는 뜻.

◈ 믿는 도끼에 발등 찍힌다.
믿었던 사람이나 일에 배신당하거나 낭패를 보았을 때를 이르는 말.

◈ 바늘 가는 데 실 간다.
아주 밀접한 관련이 있는 일을 이르는 말.

◈ 보기 좋은 떡이 먹기가 좋다.
겉모습이 좋아야 실속도 있다는 뜻.

◈ 봄꽃도 한때.
세상의 아름다움과 빛나는 시절도 순간이란 뜻.

◈ 봄 조개, 가을 낙지.
봄에는 조개가 제 철이고 가을에는 낙지가 제 철이란 말로, 다 제 때가 있다는 뜻.

◈ 사내 아이 열다섯이면 호패를 찬다.

+알기쉬운 쏙쏙 사자성어

작심삼일(作心三日) 오래 계속하지 못함.

남자 나이 열다섯 살이면 어른 구실을 해야 한다는 뜻.

◈ 사람 나고 돈 났다.
돈이 아무리 소중해도 사람의 정이 먼저라는 뜻.

◈ 살림에는 눈이 보배라.
살림을 잘하려면 안목이 좋아야 한다는 뜻.

◈ 삼 년 가는 흉 없고, 석 달 가는 칭찬 없다.
다른 사람이 흉보는 것이나 칭찬은 오래가지 않는다는 뜻.

◈ 상감님도 늙은이 대접은 한다.
아무리 높은 사람도 어른은 공경한다는 뜻.

◈ 싹수가 노랗다.
좋지 않은 떡잎이 노랗게 뜨는 것처럼 잘 되지 않는 일은 그 기미부터 좋지 않다는 뜻.

◈ 싼 게 비지떡.
싼 물건이 그만큼 품질도 좋지 않다는 뜻.

◈ 소가 크다고 왕노릇 할까?
덩치가 크다고 우두머리 행세를

+알기쉬운 쏙쏙 사자성어

전무후무(前無後無) 전에도 없었고 앞으로도 없음.

할 수 없다는 뜻.

◈ 속 빈 강정이다.
겉은 그럴싸하지만 실속이 없다는 뜻.

◈ 수염이 석 자라도 먹어야 양반.
아무리 높은 지위와 체면을 가졌더라도
굶으면 아무 소용이 없다는 뜻.

◈ 술 익자 체 장수 지나간다.
일이 술술 잘 풀릴 때를 이르는 말.

◈ 십 년 세도 없고 열흘 붉은 꽃도 없다.
권력도 아름다움도 오래가지 않는다는 뜻.

◈ 썩어도 준치.
가치 있는 물건은 흠이 생겨도 제 가치는 한다는 뜻.

◈ 안 먹는 씨아가 소리만 난다.
도움이 안 되는 사람이 말썽만 부린다는 뜻.

◈ 알 못 낳는 암탉이 먼저 죽는다.
제 구실을 못하면 가장 먼저 물러난다는 뜻.

◈ 양지가 음지 되고 음지가 양지 된다.
세상은 변하기 마련이라는 뜻.

+알기쉬운 쏙쏙 사자성어

전전긍긍(戰戰兢兢)   매우 두려워하여 조심함.

◆ 약방에 감초.
어떤 일이든 꼭 필요한 사람을 뜻하는 말.

◆ 얼굴값도 못한다.
겉으로는 번듯하게 생겼으나 능력이나 재주가 좋지 않을 때를 이르는 말.

◆ 예쁜 자식 매로 키운다.
귀한 자식일수록 엄하게 길러야 한다는 뜻.

◆ 옥에도 티가 있다.
아무리 훌륭해도 자세히 보면 흠이 조금씩 있다는 뜻.

◆ 옷은 새 옷이 좋고 사람은 옛 사람이 좋다.
물건은 새 것이 좋지만 사람은 오래사귄 사람이 좋다는 뜻.

◆ 옷이 날개라.
좋은 옷을 입으면 사람이 한층 나아 보인다는 뜻.

◆ 우렁이도 두렁 넘을 꾀가 있다.
아무리 못난 사람도 한 가지 재주는 있다는 뜻.

◆ 우렁이도 집이 있다.

+알기쉬운 쏙쏙 사자성어

주객전도(主客顚倒)   입장이 서로 뒤바뀜.

하찮은 미물도 집이 있는데 사람이 집이
없다는 반어적 표현.

◈ 우선 먹기는 곶감이 달다.
미래를 생각하지 않고 눈앞의 작은
이득을 취한다는 뜻.

◈ 임도 보고 뽕도 딴다.
한 가지 일을 하면서 여러 가지 이득을 얻는다는 뜻.

◈ 작은 고추가 맵다.
겉모습은 하찮아 보이지만 속은 아주 야물고
실속 있다는 뜻.

◈ 잘 되면 충신, 못 되면 역적이다.
일의 과정은 어찌되었든 결과에 따라
평가가 달라진다는 뜻.

◈ 재주는 곰이 넘고, 돈은 되놈이 번다.
일을 하는 사람 따로 있고, 돈 버는
사람 따로 있다는 뜻.

◈ 제 칼도 남의 칼집에 들면 찾기 어렵다.
아무리 제 물건이라도 일단 남에게 넘어가면

+알기쉬운 쏙쏙 사자성어

좌지우지(左之右之) 마음대로 함.

마음대로 하기 어렵다는 뜻.

◈ 죄는 지은 데로 가고 덕은 쌓은 데로 간다.
죄는 벌을 받고 덕은 복을 받기 마련이라는 뜻.

◈ 죽 쑤어 개줬다.
열심히 한 일이 미운 사람에게 이롭게 되었다는 뜻.

◈ 죽은 나무에 꽃이 핀다.
이미 스러진 집안이나 사람에게 좋은 일이 생겼을 때를 이르는 말.

◈ 죽은 시어머니도 방아 찧을 때는 생각난다.
아무리 미운 사람도 제 필요할 때는 생각난다는 뜻.

◈ 죽은 정승이 산 개만 못 하다.
아무리 하찮아도 살아있는 것이 좋다는 뜻.

◈ 중매는 잘 하면 술이 석 잔이고, 못 하면 뺨이 세 대라.
중매는 매우 중요한 일이므로 함부로 하거나 억지로 권할 일이 아니라는 뜻.

◈ 중이 제 머리 못 깎는다.
남의 일은 해결할 수 있지만 자기 자신의 일은 전혀 해결하지 못하는 경우를 이르는 말.

+알기쉬운 쏙쏙 사자성어

좌충우돌(左衝右突)　사방으로 치고 받음.

◈ 쥐면 꺼질까 불면 날까.
애지중지한다는 뜻.

◈ 지렁이도 밟으면 꿈틀한다.
아무리 하찮아 보이는 사람이라도 지나치게 대하면 화를 낸다는 뜻.

◈ 지위가 높을수록 마음은 낮추어 먹어라.
높은 지위에 이를수록 겸손해야 한다는 뜻.

◈ 집안 귀염둥이는 밖에 가면 미움둥이가 된다.
너무 귀엽게 키우면 여러 사람에게 미움을 받는다는 뜻.

◈ 찬물도 위아래가 있다.
아무리 쓸모없는 물건도 어른 먼저 대접할 줄 알아야 한다는 뜻.

◈ 첫 딸은 살림 밑천이다.
첫 딸은 살림에 큰 도움이 된다는 뜻.

◈ 칼날 잡은 놈이 칼자루 잡은 놈에게 당하랴.
주도권을 잡은 사람이 훨씬 유리하다는 뜻.

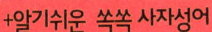
+알기쉬운 쏙쏙 사자성어

좌정관천(坐井觀天)   우물 속에 앉아 하늘을 쳐다본다는 뜻

◆ 코 아래 진상이 제일이라.
다른 사람을 대접하는 데는 먹이는 것이 가장 좋다는 뜻.

◆ 큰 말이 나가면 작은 말이 큰 말 노릇한다.
윗사람이 없으면 아랫사람이 윗사람 노릇한다는 말.

◆ 큰 북에서 큰 소리 난다.
사람의 배포가 커야 큰일을 한다는 뜻.

◆ 키는 작아도 담은 크다.
겉모양은 작아도 속은 용감한 사람이라는 뜻.

◆ 터를 잡아야 집을 짓는다.
무슨 일이든 준비가 되어야 일을 할 수 있다는 뜻.

◆ 토끼를 다 잡으면 사냥개를 삶는다.
필요할 때 잘 부리다가 일이 끝나면 매정하게 대한다는 뜻.

◆ 하늘을 보아야 별을 따지.
어떤 결과를 보기 위해서는 조건이 갖추어져야 한다는 뜻.

◆ 하룻밤을 자도 만리성을 쌓는다.
잠깐 동안이라도 깊은 정을 맺는다는 말.

+알기쉬운 쏙쏙 사자성어

죽마고우(竹馬故友)   어렸을 때부터 친하게 사귄 벗.

◈ 한 귀로 듣고 한 귀로 흘린다.
주의 깊게 듣지 않는다는 뜻.
◈ 한 날 한 시에 난 손가락도 길고 짧다.
같아 보이지만 모두 차이가 있다는 뜻.
◈ 한 번 엎지른 물은 다시 주워 담지 못한다.
저질러진 일은 돌이킬 수 없다는 뜻.
◈ 한 어깨에 두 지게 질까?
사람은 한 번에 한 가지 일밖에 하지 못한다는 뜻.
◈ 허울 좋은 도둑놈.
겉은 그럴 듯하지만 속은 아주 나쁘다는 뜻.
◈ 호랑이도 제 굴 찾아온 토끼는 안 잡아먹는다.
제 편이 되면 아무리 약해도 함부로
하지 않는다는 뜻.
◈ 호박이 넝쿨째로 굴러 떨어졌다.
뜻밖의 횡재를 했다는 뜻.
◈ 혼자서 북 치고 장구 친다.
저 혼자 이것저것 다 한다는 뜻.

+알기쉬운 쏙쏙 사자성어

중언부언(重言復言) 같은 말을 반복함.

◆ 홀아비는 이가 서 말, 과부는 은이 서 말.
남자는 혼자 살면 살림이 엉망이 되지만 여자는 혼자 살면 살림이 좋아진다는 뜻.

+알기쉬운 쏙쏙 사자성어

지기지우(知己之友)   서로 뜻이 통하는 친구.

풍자와 해학
토끼가 제 방귀에 놀란다

◈ 가는 날이 장날.
조용하고 빠르게 일을 계획했는데 하필 붐비고 시끄러운 장날과 겹칠 때. 대개 운수가 좋지 않은 경우에 쓰는 말.

◈ 가루는 칠수록 고와지고, 말은 할수록 거칠어진다.
맡은 일을 성실하게 하면 결과가 좋아지지만, 일은 하지 않고 말이 많아지면 싸울 일만 생긴다는 뜻.

◈ 가마타고 시집가기는 다 틀렸다.
일의 순서가 맞지 않아 순리대로 풀기 어렵다는 뜻.

◈ 가재는 게 편이요, 초록은 동색이라.
비슷한 입장과 처지를 가진 것끼리 서로 편들어주고 이해를 해준다는 뜻.

◈ 가지 많은 나무에 바람 잘 날이 없다.
자식이 많으면 부모의 걱정은 끊이지 않는다는 뜻.

◈ 간에 가 붙고 쓸개에 가 붙는다.
필요에 따라 자존심과 신용도 없이 이익만 탐하는 행동을 이르는 속담.

◈ 갈수록 태산.

+알기쉬운 쏙쏙 사자성어

지성감천(至誠感天)   지극한 정성에 하늘이 감동함.

일이나 행동이 할수록 더욱 나빠지는
경우를 이르는 말.

◈ 개울 치고 가재 잡는다.
한 가지 일을 함으로써 여러 가지
이익을 얻을 때 쓰는 말.

◈ 개천에서 용 난다.
변변찮은 집안에서 큰 인물이 나온다는 뜻.

◈ 거미 알 까듯.
좁은 장소에 많은 수의 사물이나 사람이 모여 있는
모양을 이르는 말.

◈ 걱정도 팔자.
하지 않아도 되는 걱정이나 참견을 자꾸 하는
사람을 이르는 말.

◈ 걱정이 반찬이면 상발이 무너진다.
쓸데없는 걱정이 너무 많은 사람을
과장되게 나무라는 말.

◈ 건너다보니 절터라.
일을 해도 결과가 좋지 않을 경우에 쓰는 말.

+알기쉬운 쏙쏙 사자성어

전전반측(輾轉反側)   이리저리 뒤척이며 잠을 이루지 못함.

◈ 검불 속에서 바늘 찾기.
아주 하기 어려운 일을 하려는 경우에 쓰는 말.

◈ 검은 것은 글자요, 흰 것은 종이라.
배우지 못한 것을 과장되게 이르는 말.

◈ 검은 머리 파뿌리 되도록.
검은 머리가 하얗게 되도록.

◈ 겉 다르고 속 다르다.
마음과 행동이 다른 사람을 이르는 말.

◈ 게걸음친다.
어떤 일을 적극적으로 하지 못하고 머뭇거리는 경우를 이르는 말.

◈ 게 눈 감추듯한다.
행동이 재빠른 경우를 이르는 말.
주로 음식을 먹을 때 사용.

◈ 게 새끼는 집고 고양이 새끼는 할퀸다.
타고난 천성에 따라 행동이 드러난다는 뜻.

◈ 겨 묻은 개가 똥 묻은 개 흉본다.
모두 흠이 있지만 조금 덜한 사람이 더한

+알기쉬운 쏙쏙 사자성어

진수성찬(珍羞盛饌) 맛이 좋고 잘 차린 음식.

사람을 흉본다는 뜻.

◈ 겨울 화롯불은 어머니보다 낫다.
어머니의 따뜻한 사랑도 좋지만 추울 때는 화롯불만한 것이 없다는 뜻.

◈ 고기는 씹어야 맛이요, 말은 해야 맛이라.
할 말은 하는 것이 좋다는 뜻.

◈ 고기도 저 놀던 물이 좋다.
낯선 환경은 누구나 힘들다는 뜻.

◈ 고래 싸움에 새우등 터진다.
공연히 큰 시비에 휘말려 애꿎은 사람이 피해를 본다는 뜻.

◈ 고슴도치도 제 새끼 털은 부드럽다고 한다.
가까운 사람의 허물을 덮어주려는 사람의 심성을 비꼬는 말.

◈ 고양이가 쥐를 마다한다.
좋아하던 것을 난데없이 사양할 때를 이르는 말.

◈ 고양이 목에 방울 달기.
누구나 하기 어려운 일을 이르는 말.

+알기쉬운 쏙쏙 사자성어

진퇴양난(進退兩難) 나아갈 수도 없고 물러설 수도 없는 궁지에 몰림.

◆ 고양이 앞에 쥐.
  어떤 일이나 사람에게 꼼짝 못하고 쩔쩔매는 사람을 이르는 말.

◆ 고추장 단지 열둘이라도 서방님 비위 못 맞춘다.
  까다로운 사람은 그 비위를 맞추기가 어렵다는 뜻.

◆ 귀신 씨나락 까먹는 소리한다.
  쓸데없는 말을 자꾸 하는 경우를 낮잡아 이르는 말.

◆ 귀신이 곡할 노릇.
  재주가 아주 뛰어나 어찌된 영문인지 알 수 없다는 뜻.

◆ 귀에 걸면 귀고리, 코에 걸면 코고리.
  각자의 상황에 따라 판단을 달리할 수 있다는 뜻으로, 주로 제멋대로 판단하는 경우에 사용.

◆ 그림의 떡이다.
  갖지 못하는 좋은 것을 뜻하는 말.

◆ 그물에 든 고기다.
  이미 벗어날 수 없는 상황이나 계략에 빠졌을

+알기쉬운 쏙쏙 사자성어

천고마비(天高馬肥)   하늘은 높고 말은 살찐다. 가을을 말함.

때를 뜻하는 말.

◆ 금강산도 식후경이라.
아무리 좋은 구경거리가 있어도 배가 고프면 아무것도 할 수 없다는 뜻.

◆ 금이야 옥이야.
매우 애지중지하는 모양을 뜻하는 말.

◆ 기생오라비 같다.
행색이나 차림이 하는 일 없이 여자의 덕을 입고 다니는 남자 같다는 뜻.

◆ 긴 병에 효자 없다.
좋지 않은 일이 오래되면 아무리 성품이 좋은 사람도 싫증을 낸다는 뜻.

◆ 까마귀 고기를 먹었나?
건망증이 심한 사람을 낮잡아 이르는 말.

◆ 까마귀 날자 배 떨어진다.
우연히 벌어진 일에 연루되어 나쁜 처지에 빠지게 되었다는 뜻.

◆ 깨가 쏟아진다.

+알기쉬운 쏙쏙 사자성어

천방지축(天方地軸) 함부로 덤벙거림.

고소한 맛이나 냄새가 풍기는 듯한 좋은
분위기를 일컫는 말.

◈ 깨진 냄비와 꿰맨 뚜껑.
서로 만신창이가 되어 처지가 비슷함을 이르는 뜻.

◈ 꿔다 놓은 보릿자루.
여러 사람이 모인 가운데 있는 듯 없는 듯
조용히 있는 사람을 이르는 말.

◈ 꿀도 약이라면 쓰다.
아무리 좋은 것도 선입견을 가지면 좋지 않게
느껴진다는 뜻.

◈ 꿀 먹은 벙어리.
응당 말을 해야 하는 자리에서 아무 말도 하지 않고
있는 사람을 이르는 말.

◈ 꿈보다 해몽.
실재 벌어진 일보다 둘러대는 말이
더 낫게 들린다는 뜻.

◈ 끈 떨어진 연.
의탁하거나 도움을 받을 곳이 없다는 뜻.

+알기쉬운 쏙쏙 사자성어

천신만고(千辛萬苦) 한없이 수고하고 애를 씀.

◆ 나는 새도 떨어뜨린다.
위세가 대단하여 못하는 일이 없을
정도라는 뜻.

◆ 남의 떡에 설 쇤다.
다른 사람의 호의로 형편이 좀
나아졌을 때를 이르는 말.

◆ 남의 불에 게 잡는다.
남이 하는 일에 슬쩍 끼어 덕을 보는
사람을 이르는 말.

◆ 남이 장에 간다고 하니까 거름 지고 나선다.
경우에 맞지 않아도 다른 사람이 한다니까
따라하는 사람을 낮잡아 이르는 말.

◆ 낮도깨비 같다.
하는 행동이 괴상망측한 사람을 이르는 말.

◆ 낮말은 새가 듣고 밤 말은 쥐가 듣는다.
아무리 말조심을 해도 일단 말을 하면
소문이 난다는 뜻.

◆ 내 발등에 불을 꺼야 아버지 발등의 불을 끈다.

+알기쉬운 쏙쏙 사자성어

천우신조(天佑神助) 하늘과 신령의 도움.

아무리 급해도 자신의 위기가
급선무라는 뜻.
◈ 내 손에 장을 지져라.
아닌 경우에 손을 인두로 지져도 좋을 만큼
호언장담하는 경우에 쓰는 말.
◈ 부부 싸움은 칼로 물 베기.
부부 간의 싸움은 칼로 물을 벤 것처럼 금세 자취가
없어진다는 뜻.
◈ 누워 떡 먹기.
일하기가 아주 쉽다는 뜻.
◈ 눈 감으면 코 베어 갈 세상이다.
인심이 아주 각박하다는 뜻.
◈ 눈 밖에 났다.
관심 밖에 났다는 뜻.
◈ 눈에 가시다.
눈에 가시가 들어가 눈을 감거나 외면하는 것처럼
보기 싫은 일이나 사람을 뜻하는 말.
◈ 눈에 쌍심지를 키다.

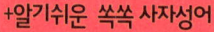

+알기쉬운 쏙쏙 사자성어

천진난만(天眞爛漫)　　가식이 없는 말과 행동.

몹시 불쾌하여 눈에 불을 켠 것처럼 쏘아보며
미워하거나 역정을 내는 경우를 이르는 말.

◈ 느린 소도 성낼 적이 있다.
착하고 순해 보여도 화를 낼 줄 안다는 뜻.

◈ 늙으면 아이 된다.
늙으면 생각이나 행동이 어린아이와
같아진다는 뜻.

◈ 닭 쫓던 개 지붕만 쳐다본다.
계획한 일이 실패로 돌아가 아무 것도 할 수 없게
되었다는 뜻.

◈ 도둑이 제 발 저린다.
지은 죄가 있으면 켕기는 구석이
있다는 뜻.

◈ 동에 번쩍 서에 번쩍한다.
행동이 민첩하여 여기저기 나타나 여러 일을 하는
사람을 뜻하는 말.

◈ 뒤로 오는 호랑이는 속여도 앞으로 오는 팔자는 못 속인다.
운명은 피할 수 없는 것이라는 뜻.

+알기쉬운 쏙쏙 사자성어

청출어람(靑出於藍)   제자가 스승보다 나음.

◈ 딸 셋을 키우면 기둥뿌리가 뽑힌다.
   딸 셋을 키워 시집보내려면 큰 비용이 들어 집안 형편이 나빠진다는 뜻.

◈ 딸 없는 사위.
   인연이 멀어져 정이 끊겼다는 뜻.

◈ 떼어 놓은 당상이다.
   이미 얻어놓은 벼슬처럼 확실하다는 뜻.

◈ 똥이 무서워서 피하나 더러워 피하지.
   상대하지 않는 이유가 무서워서가 아니라 망신당하기 싫어서 그렇다는 뜻.

◈ 마루 넘은 수레 내려가기.
   거침이 없음을 이르는 말. 일이나 속도가 매우 빠르게 진행된다는 뜻.

◈ 마파람에 게 눈 감추듯 한다.
   아주 행동이 날래다는 뜻. 주로 음식을 순식간에 먹어치울 때를 이르는 말.

◈ 말괄량이 설거지하듯 한다.
   하는 일이 매우 시끄럽고 정신없다는 뜻.

+알기쉬운 쏙쏙 사자성어

초지일관(初志一貫)   처음 품은 뜻을 한결같이 꿰뚫음.

◈ 말은 해야 맛이고 고기는 씹어야 맛이라.
  할 말은 시원하게 하고 할 일은 해야
  한다는 뜻.
◈ 말 잘하기는 소진 장의로다.
  중국의 유명한 전략가처럼 말은 잘한다는 뜻.
◈ 맑은 물에 고기가 안 논다.
  너무 곧고 청렴하면 그 사람 주변에 함께
  어울리려는 사람이 없다는 뜻.
◈ 맞는 놈이 여기 때려라 저기 때려라 한다.
  사리에 맞지 않는다는 뜻.
◈ 매가 꿩을 잡아 주고 싶어 잡아 주나?
  싫지만 힘이 없어서 억지로 한다는 뜻.
◈ 무자식 상팔자.
  부모는 자식 걱정으로 일생을 보내니,
  오히려 자식이 없는 편이 낫다는 뜻.
◈ 문턱이 닳도록 드나든다.
  자주 드나드는 것을 과장되게
  이르는 표현.

+알기쉬운 쏙쏙 사자성어

추풍낙엽(秋風落葉)   가을 바람에 떨어지는 잎처럼
이리저리 흩어짐.

◈ 물 본 기러기 꽃 본 나비.

좋아하고 즐기는 것을 발견한 경우를 이르는 말로, 주로 마음에 드는 이성을 보았을 때 사용하는 말.

◈ 물 찬 제비.

사람의 행동이 날래고 반듯한 경우를 이르는 말.

◈ 미주알고주알 밑두리콧두리 캔다.

일의 사정을 샅샅이 알아본다는 뜻.

◈ 민심이 천심이라.

국민이 바라는 것이 세상의 도리라는 뜻.

◈ 바늘방석에 앉는 것 같다.

어떤 모임에 같이 앉아 있기가 몹시 불편하다는 뜻.

◈ 바람 부는 대로 물결치는 대로.

주어지는 환경에 그대로 따른다는 뜻으로, 초연한 모습이나 줏대 없는 모양을 이르는 말.

◈ 배가 남산만하다.

배부른 모양을 과장되게 쓰는 말.

◈ 배보다 배꼽이 더 크다.

+알기쉬운 쏙쏙 사자성어

칠전팔기(七顚八起)

여러 번의 실패에도 굽히지 않고 분투함.

본래의 일보다 그에 딸린 일이 더 큰
경우를 이르는 말.

◆ 밴 아이, 아들 아니면 딸이지.
이왕 벌어진 일이면 그 결과가 무엇이든
관계없다는 뜻.

◆ 범도 제 말하면 온다.
어떤 사람의 이야기를 할 때, 마침 그 사람이
온 경우에 쓰는 말.

◆ 범 없는 골에 토끼가 왕 노릇을 한다.
잘난 사람이 없는 곳에는 못난 사람이
잘난 체를 한다는 뜻.

◆ 법은 멀고 주먹은 가깝다.
이성적인 판단보다는 감정적인 행동이
더 위력적이라는 뜻.

◆ 벽을 치면 대들보가 울린다.
눈치가 빨라서 작은 행동만으로도
금세 알아챈다는 뜻.

◆ 벽창호융통성이 없이.

+알기쉬운 쏙쏙 사자성어

타산지석(他山之石) 다른 사람의 하찮은 언행일지라도
자기의 지덕을 닦는 데 도움이 됨.

고집이 매우 센 사람을 이르는 말.

◈ 병 주고 약 준다.
해를 끼치고 도와준다는 말로, 어떤 사람의 행동이 일관되지 않을 때를 이르는 말.

◈ 보채는 아이 밥 한술 더 준다.
조르고 떼를 쓰면 더 신경을 쓰기 마련이란 뜻.

◈ 복날 개 패듯 한다.
사정을 보지 않고 심하게 때리는 경우를 이르는 말.

◈ 불면 꺼질까 쥐면 터질까.
사물이나 사람을 애지중지한다는 뜻.

◈ 사나운 개 콧등 아물 틈이 없다.
성격이 사나운 사람은 늘 온전한 날이 없다는 뜻.

◈ 사돈네 안방 같다.
낯설고 어려워 행동이 몹시 불편하다는 뜻.

◈ 사돈집과 뒷간은 멀수록 좋다.
사돈 끼리 서로 말이 많으면 싸우기 마련이라 화장실만큼 멀리

+알기쉬운 쏙쏙 사자성어

파죽지세(破竹之勢) 세력이 강하여 거침없이 쳐들어가는 기세.

두는 것이 좋다는 뜻.
◈ 사또 덕분에 나팔 분다.
　다른 사람 덕분에 호강을 한다는 뜻.
◈ 사람 위에 사람 없고, 사람 아래 사람 없다.
　사람을 차별하면 안 된다는 뜻.
◈ 사람의 혀는 사람의 뼈를 부순다.
　말의 힘이 아주 무섭다는 뜻.
◈ 사랑은 내리 사랑.
　부모가 자식을 아끼는 것은 당연하나, 자식이 부모를 공양하는 일은 어렵다는 뜻.
◈ 사위는 백 년 손님.
　사위와 처갓집은 가까워지기 힘들다는 뜻.
◈ 사잣밥 싸 가지고 다닌다.
　죽을 준비를 하고 다닐 만큼 나이가 많다는 뜻.
◈ 살점을 베어 주고 싶다.
　제 살을 베어주고 싶을 만큼 마음에 든다는 뜻.

+알기쉬운 쏙쏙 사자성어

풍비박산(風飛雹散)　사방으로 날려서 흩어지다.

◈ 삼십육계 줄행랑이 제일이다.
도망이 화를 피하는 가장 좋은 방법이라는 뜻.

◈ 삼천갑자 동방삭도 제 죽을 날 몰랐다.
아무리 오래 살아도 자기 운명이 어찌될 줄 모른다는 뜻.

◈ 새 발의 피.
아주 작은 일이나 양을 뜻하는 말.

◈ 새우 그물에 잉어가 걸렸다.
뜻밖에 큰 횡재를 했다는 뜻.

◈ 성인이 벼락을 맞는다.
사람들의 인심이 좋지 않아 성인 같은 사람이 화를 입는다는 뜻.

◈ 술 받아주고 뺨 맞는다.
호의를 베풀었는데 도리어 화를 본 경우를 이르는 말.

◈ 시앗을 보면 길가의 돌부처도 돌아앉는다.
남편의 첩(시앗)을 보면 아무리 무딘 사람도 화를 낸다는 뜻.

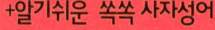
+알기쉬운 쏙쏙 사자성어

풍전등화(風前燈火)   바람 앞의 등불처럼 운명이 위태로움.

◈ 신작로 놓으니까 문둥이 먼저 지나간다.
　공들여 일을 해놓으니 원치 않는 사람이 먼저 누린다는 뜻.
◈ 십 년이면 강산도 변한다.
　시간이 흐르면 변치 않는 것이 없다는 뜻.
◈ 아니 땐 굴뚝에 연기 날까.
　어떤 일의 결과는 반드시 원인이 있다는 뜻.
◈ 아닌 밤중에 홍두깨.
　난데없이 화를 당하게 된 경우를 이르는 말.
◈ 아비만한 자식 없다.
　자식이 아무리 훌륭해도 그 자식을 기른 아비의 정성만은 못하다는 뜻.
◈ 아이 보는 데는 찬물도 못 먹는다.
　아이들은 어른이 하는 행동을 무작정 따라하므로 조심해야 한다는 뜻.
◈ 앉아 주고 서서 받는다.
　빌려주기는 쉽지만 받기는 매우 어렵다는 말.
◈ 앓느니 죽지.

+알기쉬운 쏙쏙 사자성어

학수고대(鶴首苦待)　몹시 기다림.

다른 사람의 도움이 시원찮아 차라리 직접 하는 것이 좋겠다는 뜻.

◈ 앓던 이 빠진 것 같다.
고민거리가 사라져 시원하다는 뜻.

◈ 앞길이 구만리 같다.
아직 젊어서 미래의 가능성이 아주 크다는 뜻.

◈ 어머니 손이 약손.
어머니의 정성 어린 마음을 뜻하는 말.

◈ 얼굴에 모닥불을 담아 붓듯 한다.
부끄러워 얼굴이 빨개진 모양을 이르는 말.

◈ 업은 손자 환갑 닥치겠다.
꾸물대며 서두를 줄을 모른다는 뜻.

◈ 여자 셋이 모이면 접시가 깨진다.
여자들이 모이면 부산스럽고 소란스럽다는 말.

◈ 오얏나무 아래에서 갓을 고쳐 쓰지 말라.
의심받을만한 짓은 하지 말라는 뜻.

+알기쉬운 쏙쏙 사자성어

함흥차사(咸興差使)   한 번 가기만 깜깜 무소식이란 뜻

◆ 오장이 뒤집힌다.
   몸 속의 장들이 뒤집히는 것처럼
   마음이 상한다는 뜻.
◆ 왕방울 솥 가시듯.
   시끄러울 정도로 요란하게 떠들거나 그러한
   목소리를 뜻하는 말.
◆ 요지경 속이라.
   내용이 복잡하고 기묘하여 이해하기가
   힘들다는 뜻.
◆ 우물가에 아이 보낸 것 같다.
   누군가에게 어떤 일을 시키고 마음이 불안하여 안심이
   되지 않는다는 뜻.
◆ 울지 않는 아이 젖 주랴.
   자꾸만 보채고 요구를 해야 일이 빨리
   이루어진다는 뜻.
◆ 웃는 낯에 침 못 뱉는다.
   좋게 대하는 사람에게 나쁘게 굴지
   못한다는 뜻.

+알기쉬운 쏙쏙 사자성어

현모양처(賢母良妻)   어진 어머니이면서 또한 착한 아내

◈ 원수는 외나무다리에서 만난다.
  누군가에게 나쁘게 대하면 피할 수 없이 나중에
  만나게 된다는 뜻.

◈ 의가 좋으면 천하도 반분한다.
  사이가 좋으면 아무리 귀한 것도 나누어 갖는다는 뜻.

◈ 인절미에 조청 찍은 맛.
  여러모로 마음에 든다는 뜻.

◈ 일 각이 여삼추 같다.
  15분(1각)이 3년처럼 느껴진다는 말로, 몹시 애타게
  기다리는 마음을 이르는 말.

◈ 입술에 침이나 바르지.
  양심의 가책도 없이 뻔뻔하게 거짓말하는
  사람을 이르는 말.

◈ 입에 맞는 떡.
  제 마음에 쏙 드는 물건이나 일을 뜻하는 말.

◈ 입에 발린 소리.
  겉치레에 불과한 말이라는 뜻.

◈ 입은 비뚤어져도 말은 바로 해라.

+알기쉬운 쏙쏙 사자성어

호시탐탐(虎視眈眈) 범이 먹이를 노린다는 뜻으로, 기회를 노리며 형세를 살핌을 비유

항상 말은 옳고 정직하게 하라는 뜻.

◈ 입은 광주리만 해도 말은 못 하리라.
잘못을 하여 변명조차 할 여지가 없다는 뜻.

◈ 입추의 여지가 없다.
빼곡히 자리를 메워 빈틈이 없다는 뜻.

◈ 자식도 품안의 자식이지.
자식도 어린 시절이 지나면 뜻대로 하기 어렵다는 뜻.

◈ 자식은 애물단지라.
자식은 부모에게 항상 걱정과 고민을 준다는 뜻.

◈ 장마 뒤에 오이 자라듯.
갑자기 쑥쑥 잘 자라는 모양을 이르는 말.

◈ 장이야 멍이야.
두 사람이 비슷하여 우열을 가리기 힘들 때를 이르는 말.

◈ 젊은 과부 한숨 쉬듯.

+알기쉬운 쏙쏙 사자성어

혼비백산(魂飛魄散) 넋이 날아가고 넋이 흩어지다라는 뜻.
몹시 놀라 어찌할 바를 모름

고민과 걱정이 많은 사람을 빗대어 이르는 말.

◈ 정 들자 이별.

알게 된 지 얼마 되지 않아 작별한다는 뜻.

◈ 정승 되라 했더니 장승 된다.

훌륭한 사람이 되길 기원했는데 오히려 못난 사람이 되었다는 뜻.

◈ 제 발등에 불을 먼저 끄고 아비 발등에 불을 끈다.

사정이 급하면 아무리 가까운 사이라도 자기 일부터 챙기기 마련이라는 뜻.

◈ 조상 덕에 이밥 먹는다.

다른 사람 덕에 뜻밖의 이득을 얻는다는 뜻.

◈ 조석 싸 가지고 말리러 다닌다.

무슨 방법을 써서라도 못하게 말린다는 뜻.

◈ 족제비도 낯짝이 있다.

부끄러움을 모르는 사람에게 염치를 가지라는 뜻으로 사용하는 말.

◈ 종기가 커야 고름이 많다.

+알기쉬운 쏙쏙 사자성어

횡설수설(橫說竪說) 조리가 없는 말을 함부로 지껄임.

보이는 것이 많아야 그 속에 든 것도 많다는 뜻.

◈ 중이 고기 맛을 보면 절에 빈대 껍질이 안 남는다.

사람이 재미난 일에 빠지면 당최 헤어나지 못한다는 뜻.

◈ 쥐도 새도 모르게.

아무도 모르게.

◈ 지척이 천리라.

가까운 곳에 있는 사람이 오히려 더 멀게 느껴진다는 뜻.

◈ 집안 망하려면 맏며느리가 수염이 난다.

일이 잘 안 풀리려면 별 이상한 일도 다 생긴다는 뜻.

◈ 쭈그렁밤송이 삼 년 간다.

시름시름 앓는 사람이 생각보다 오래 산다는 뜻.

◈ 첫 사위가 오면 장모가 신을 거꾸로 신고 나간다.

첫 사위는 처가에서 크게 환대를 받는다는 뜻.

+알기쉬운 쏙쏙 사자성어

후회막급(後悔莫及) 아무리 후회하여도 다시 어찌할 수가 없음.

◆ 친구 따라 강남 간다.

　가까운 사람과 어울려 얼떨결에 어떤 일을 하거나 가게 되는 경우를 이르는 말.

◆ 코 묻은 돈.

　어린이가 지닌 아주 적은 돈을 뜻하는 말.

◆ 큰 코 다친다.

　크게 낭패를 당한다는 뜻.

◆ 토끼가 제 방귀에 놀란다.

　겁이 많은 사람을 과장되게 빗댄 말.

◆ 풍년 개 팔자.

　아무런 근심과 걱정이 없다는 뜻.

◆ 하늘 높은 줄 모르고, 땅 넓은 줄만 안다.

　키가 작고 뚱뚱한 사람을 놀리는 말.

◆ 하늘도 알고 땅도 안다.

　나쁜 짓을 하면 언젠가 드러나게 된다는 뜻.

◆ 하늘로 올라갔나, 땅 속으로 들어갔나.

　감쪽같이 사라졌다는 뜻.

+알기쉬운 쏙쏙 사자성어

희로애락(喜怒哀樂)　기쁨과 노여움, 슬픔과 즐거움이라는 뜻

◆ 하던 지랄도 멍석을 펴 놓으면 안 한다.
　늘 하던 일도 일부러 시키면 하지 않는다는 뜻.

◆ 하루가 천년 같다.
　시간이 몹시 더디게 갈 때를 이르는 말.

◆ 할 일이 없으면 낮잠이나 자랬다.
　지나치게 간섭하거나 설치지 말라는 뜻.

◆ 함흥차사다.
　어떤 사람의 안부나 소식이 없다는 뜻.

◆ 해가 서쪽에서 뜨겠다.
　세상에 없는 일이 생길만큼 놀랍다는 뜻.

◆ 행사가 개차반 같다.
　하는 일이 부산하고 보기 흉하다는 뜻.

◆ 허파에 바람 들었나.
　실없이 웃는 사람을 나무라는 말.

◆ 혀에 굳은살이 박이겠다.
　같은 말을 몹시 반복했다는 뜻.

◆ 호랑이 담배 먹던 시절 이야기다.

+알기쉬운 쏙쏙 사자성어

하난지유(何難之有)　아주 쉬운 것. 썩 쉬운 것

현재와는 아주 동떨어진 허황된 이야기라는 뜻.
◈ 호랑이도 제 말 하면 온다.
공연히 남의 이야기를 하지 말라는 뜻.
◈ 홍두깨에 꽃이 핀다.
힘겹게 살다가 뜻밖의 좋은 일이 생겼다는 뜻.
◈ 황소 뒷걸음질하다가 쥐잡기.
어리석은 사람이 어쩌다 행운을 잡았을 때를 이르는 말.

+알기쉬운 쏙쏙 사자성어

하견지만(何見之晚) 어찌 보는 바가 늦느냐는 뜻으로, 깨달음이 늦음을 이르는 말.

공자의 말 중에 "온고지신(溫故知新)"이라는 말이 있습니다.
옛것을 익혀서 새 것을 안다는 의미로,
공자는 이 두 가지를 알면 다른 사람의 스승이 될 수 있다고 말했습니다.
이 말은, 문물의 겉모습은 새롭게 바뀔 수 있지만
그 안에 담긴 원리와 방식은 크게 바뀌는 것이 없다고 이해할 수 있습니다.
항상 새로운 시대의 변화에 맞추어 새로운 것을 배우는 동안에도
우리는 옛 것을 잊지 말고 기억해야 할 필요가 여기에 있습니다.
이 책에 수록된 속담과 사자성어는 우리 조상의 지혜와 재치입니다.
우리가 늘 접하는 뉴스만 보아도 속담과 사자성어를 곧잘 인용하여 표현합니다.
오랜 시간을 거치며 쌓인 경험의 가르침이 바로 속담이자 사자성어인 것입니다.
복잡한 시사 문제도 속담이나 사자성어를 통해 간단히 이해할 수 있으니
조상의 위대하고 소중한 유산이 아닐 수 없습니다.
속담과 사자성어는 흔한 유행이나 고대문자와 같이 별 의미도 없는
고루한 표현이 아니라, 지혜로운 처세의 말이며
세상사의 핵심을 통찰하는 경험의 철학입니다.
그래서 가치관의 정립이 필요한 어린 학생들이나
사회생활을 준비하는 청년, 원만한 인간관계를 맺고자 노력하는 성인까지
남녀노소 모두에게 유익한 지혜의 보물창고인 것입니다.

―이승순―